汤寿潜与保路运动档案

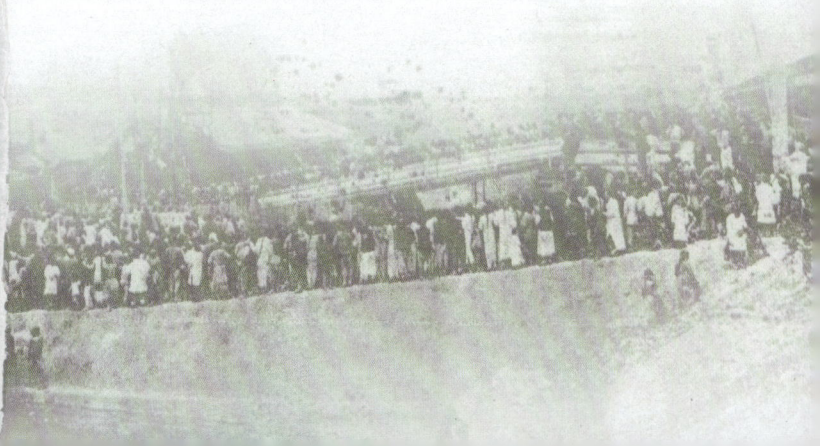

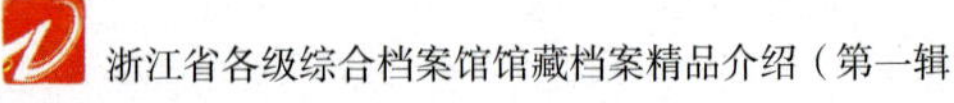

浙江省各级综合档案馆馆藏档案精品介绍（第一辑）

编辑委员会

总序

时光流淌，世事更迭，唯有浩繁卷册留存了人类历史发展的足痕印记。档案作为历史的真实记录，是连接过去、今天的桥，也是通向未来的门。档案承载着过往，担负着使命。近年来，作为公共文化机构的档案馆，走向社会的脚步不断加快，践行着资政、维权、育人的神圣职责。

浙江省100家各级综合档案馆作为永久保存档案的基地，经几代人的勤勉耕耘，积数十年之功，收藏了清朝以来2300余万卷（件）纸质档案、近200万张照片和3万余盘音像资料，其中入选中国档案文献遗产名录9项，入选浙江档案文献遗产名录26项。它们内容精彩纷呈，形式丰富多样，既有风云激荡的历史宏卷，也有令人唏嘘的家族记忆，其中蕴含着家国情怀、民族大义和优秀文化。这些既是宝贵的历史文化遗产，更是人类共同的精神财富。

《浙江省各级综合档案馆馆藏档案精品介绍》是一套系列丛书，从2015年起分辑出版，每辑10册，每册介绍1项精品档案。我们从全省各级综合档案馆馆藏中精心挑选，同时，注重材料的真实、考证的严谨和叙述的准确。通过大量的历史资料、图片，以图文并茂的形式，对档案的背景由来、内容价值以及管理利用等方面进行全面地解读和揭示。

"旧时王谢堂前燕，飞入寻常百姓家"。作为"养在深闺人未识"的馆藏档案，只有深度挖掘与开发，才能真正服务大众。《浙江省各级综合档案馆馆藏档案精品介绍》以推介档案文化为宗旨，它不是高大上的"鲍鱼海参"，是为社会大众奉上的一道"精品小菜"。一册一题、通俗生动，利用翔实的史料，引导读者探寻历史发展的细节，倾听历史深处的回声，感悟历史演变的规律。希望这是一道有营养的档案文化"小菜"。

编　者

2015年5月

目录

CONTENTS

引子

杭州的之江路与老复兴路之间有一个白塔公园，公园内，随处可见各种铁路元素：铁轨、火车、信号灯、龙门吊……这里，曾经是江墅铁路闸口站的堆场。

江墅铁路的火车头

江墅铁路是浙江的第一条铁路。20世纪初，以汤寿潜等为代表的浙江绅商不畏强权，坚决抵制外国借款，在浙江掀起了一场波澜壮阔、彪炳史册的保路运动，最终依靠民间力量集资自办了一条长为150余公里的铁路——苏杭甬铁路沪杭线，江墅铁路就是它的试验段。

岁月流逝，再光鲜的颜色也经不住风雨的侵蚀，历史亦是如此。如今，已鲜有人记得江墅铁路及其背后的故事。但往事并不如烟，浙江省档案馆馆藏《汤寿潜与保路运动档案》，真实地记录了汤寿潜及其领导的浙江保路运动的情况，打开尘封的记忆，那一段100多年前的历史仿佛就发生在昨天……

汤寿潜

汤寿潜

汤寿潜（1856—1917），原名汤震，字蛰仙，出生于浙江会稽山阴天乐乡大汤坞村（今属浙江萧山进化镇），晚清著名实业家和政治活动家。家境殷实，熟读经史。早年醉心水利，曾入山东巡抚张曜帐下协助治理河工，后转而关注政事。

1890年，汤寿潜将其历年研究之所得撰写成《危言》40篇并刊印成书，在书中，他提出迁都长安、设立议院、民主法制、自由言论、新式兵备、创办实业、现代交通、兴修水利、裁撤冗官、惩治贪腐、兴办新学、改革考试、实行晚育等50余项改革举措。《危言》一经面世，即刻在昏聩的清廷掀起滔天巨浪，也一举奠定了汤寿潜中国早期资产阶级维新思想家的地位。

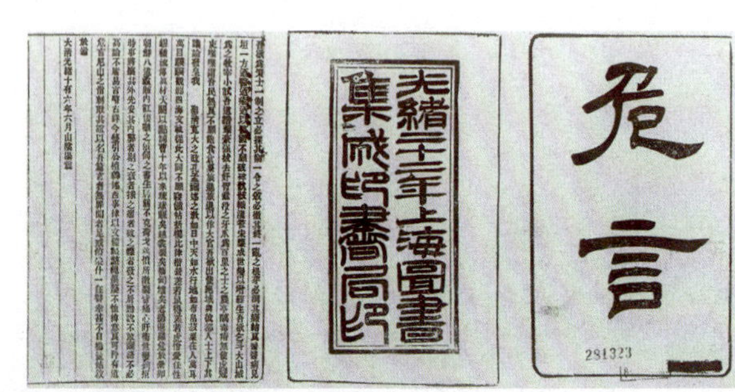

汤寿潜著作——《危言》

汤寿潜还是我国近代史上立宪派的领袖之一，与著名实业家、晚清状元张謇并称为“南汤北张”。1906年，清政府下诏宣布“预备仿行宪政”，汤寿潜与张謇在上海成立“预备立宪公会”，并被推选为副会长。“预备立宪公会”曾两次上书朝廷，要求迅速召开国会，并提出以两年为限实现“君主立宪”体制。

除编写《危言》、倡导立宪外，令汤寿潜名动天下的还在于他曾经出任“浙江全省铁路公司”总理，为“争路权、修铁路”，组织和领导了全国最具影响力的保路运动之一——浙江保路运动。

1911年，革命党人取得了辛亥革命的胜利，汤寿潜成为首任浙江都督。1912年1月南京临时政府成立，任命汤寿潜为交通总长（未赴任）。1915年汤寿潜回家乡，1917年6月病逝，终年61岁。

浙江保路运动

浙江保路运动又称“浙路风潮”。它是20世纪初发生在浙江大地上的一场以“保护路权，自办铁路”为主要内容的声势浩大的斗争。

中日甲午战争之后，铁路成为各国列强瓜分和掠夺中国的利器。1898年，清政府与英国签订了《苏杭甬铁路草约》，准备向英方借款筑路，后因英方迟迟未有动作而搁浅；1905年，美国人培次

代表英国与清政府签订《苏杭甬铁路草约》的怡和洋行

1905年7月24日，浙江绅商在上海集议成立商办全浙铁路有限公司

又提出申请要求承办浙赣铁路。面对英美觊觎浙路路权的图谋，1905年7月，浙江绅商成立全浙铁路有限公司（浙路公司），并推举汤寿潜、刘锦藻为总、副理，奉旨自办铁路；英国人对此表示强烈抗议，向清政府接连施压要求订立苏杭甬铁路正约，自此，围绕浙路完全商办和废立苏杭甬铁路合约，浙江绅商和清政府、英国之间发生激烈的冲突，拉开了浙江保路运动的序幕。

汤寿潜在全浙士民的支持下，带领浙路公司，顶住清政府和外国帝国主义的双重压力，坚持为浙人自办铁路奔走呼号、殚精竭虑。运动从废约开始，继而发展成为集股拒款风潮，再到全省掀起援汤保汤热潮，一波三折，最终在民众的不懈努力下取得胜利，前后历时6年之久。

浙江保路运动的开展具有深远的历史意义，它不仅开清末保路运动之先河，而且由于它的胜利，极大地鼓舞了四川、湖北和广东等地的民众，使得保路运动迅速席卷全国，各地人民奋起反抗清廷，最终成为点燃辛亥革命的导火索。

1909年8月，沪杭铁路在江苏、浙江交界的枫泾正式全线接轨通车

档案往事

时间回溯到1990年9月4日，这一天，浙江省档案馆内举行了隆重的档案捐赠仪式，汤寿潜后裔汤梅君（孙女）和汤彦森（孙子）向档案馆无偿捐赠了珍藏多年的2000多件档案。

随同档案捐赠的，还有他们收集、整理汤寿潜档案的情况说明等资料。

汤梅君在关于档案收集情况的说明里有这样一段话："南京大学历史系王栻教授曾经说过，当日汤、张（謇）并称，张氏生平有记载者不下数十万字，而汤公生平，欲求一四五万字之传记，亦不可得，此真史学界一大憾事也。"

汤寿潜档案捐赠仪式

传记不得，很大一部分原因在于存世档案的缺失。由此更加突显了这批档案文献的珍贵。

那么，这2000多件档案是如何而来的，它的背后又有怎样的故事呢？翻阅档案收集整理情况说明资料后，真相得以大白：这一切都是汤寿潜长孙汤彦华努力的结果。

汤彦华，一位上海的普通工人，对祖父汤寿潜有着极度的崇拜和孺慕之情。他将还祖父以更加真实的形象、公正的评价视作一种责任。

他在资料收集心得中如是说：“当代史学工作者在叙述先祖历史事迹时，常有与历史不符之处，主要由于有关资料太少，对他缺乏一个正确的认识和评价……首先需要收集大量的历史资料，用严谨的治学精神和实事求是的科学态度，进行全面研究和分析，才能得出正确、公允的结论。”

然而，汤彦华手中握有的汤寿潜档案实在太少。杭州汤家老屋里原来保存有汤寿潜档案，但历经八年抗战、十年浩劫后，基本散佚殆尽。

只有马一浮（汤寿潜女婿）存于杭州蒋庄的档案在“文革”后得以归还，但这批档案在发还时多数已虫蛀霉变、残缺不全。无奈之下，汤彦华将这批档案中相对完整的部分带回上海，后仔细整理出数十份。

从此，汤彦华开始了漫长的史料收集、研究和考证之旅。他辗

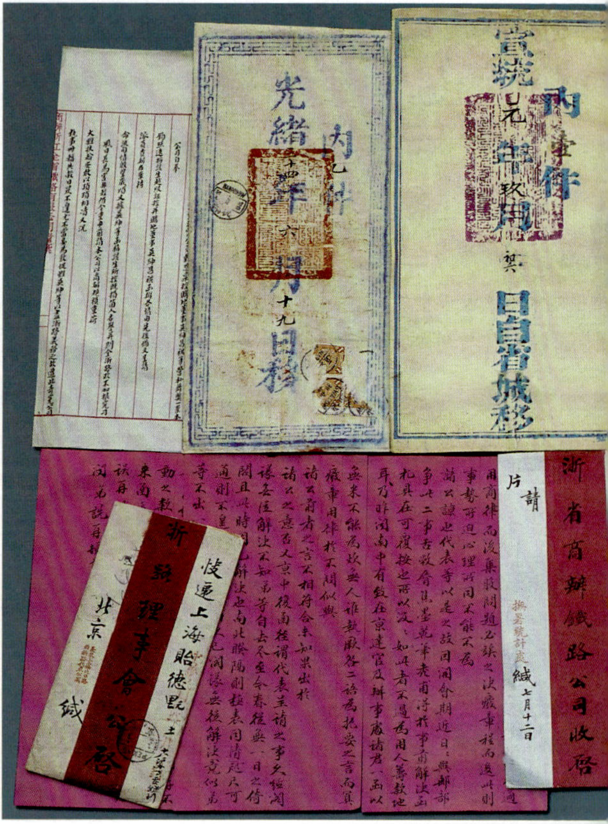

捐赠的汤寿潜档案

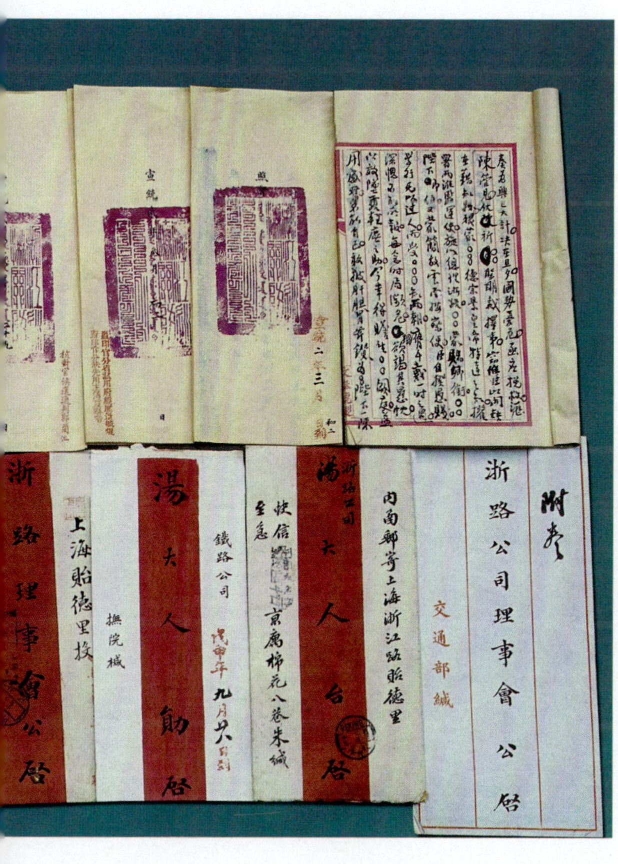
浙路公司理事會公啓
交通部緘
內函郵寄上海浙江路貽德里
湯大人台啓
快信
至急
京廣棉花八巷朱緘
鐵路公司
湯大人勛啓
撫院緘
上海貽德里投
浙路理事會公啓

转于上海各大图书馆、藏书楼、书店，不断搜寻档案线索，收集补充史料，逐字逐句研究斟酌，与学界专家探讨沟通……

在他锲而不舍的努力下，汤寿潜档案史料日渐系统完整，一些与史实不符的内容，在大量档案史料的印证下得以修正。1979版《辞海》中汤寿潜“1907年参与浙江官绅杀害秋瑾事件”的注释在1999版《辞海》中消失不见即为一例。

后来，由于身体原因，这批被汤彦华视若珍宝的档案被郑重托付给了妹妹汤梅君保管。

20世纪80年代末，政协萧山文史资料工作委员会在编辑《汤寿潜史料专辑》时借用了汤寿潜档案。浙江省档案馆得知消息后，找到汤梅君表达了想要征集档案进馆的意愿，她爽快地答应了。

是啊，对于汤寿潜档案来说，再没有比档案馆更好的保管地了。

档案介绍

浙江省档案馆馆藏汤寿潜档案共2059件，档案形成时间为1890年至1917年，包括清代档案1671件，民国档案296件，资料92份。档案中既有汤寿潜个人档案，又有他在各类公务活动中形成的公务档案，这些档案从两个不同维度完整展现了汤寿潜思想、生活、政治活动等各方面的情况，是认识和了解汤寿潜的第一手材料，其中的公务档案还是人们研究中国铁路史和浙江近代史不可多得的宝贵资料。2002年，《汤寿潜与保路运动档案》入选首批《中国档案文献遗产名录》。

汤寿潜档案

个人档案

汤寿潜个人档案形式多样，有拓片、宗谱、信函、手稿、照片、著作等。档案内容涉及方方面面，包括汤寿潜会试硃卷、书法对联、照片、私人信函，马一浮撰绍兴汤先生墓志铭（拓片），汤寿潜纪念碑文（拓片）等生平传记类档案；以及《危言》、《理财百策》、《三通考辑要》等汤寿潜个人著作。

馆藏汤寿潜会试硃卷，是清光绪十八年（1892）汤寿潜参加壬辰科会试后形成的硃卷，后得中第十名贡生，殿试二甲，赐进士出身，授翰林院庶吉士，学习三年后于1894年出任安徽青阳县知县。硃卷为纸质载体，线装成册，尺寸为25.9cm × 14.6cm。

硃卷原来是为防止考官徇私舞弊，而将应考生试卷弥封后由誊录员用硃笔重新誊写的卷子，后来新中举人、进士将自己的试卷刻印分送给亲朋好友，也称为硃卷。馆藏汤寿潜会试硃卷就是这种刊刻的试卷，带有明显的印刷痕迹。

会试硃卷是汤寿潜通过参加科举考试走上仕途的见证，也是研究晚清中国科举制度的珍贵史料。

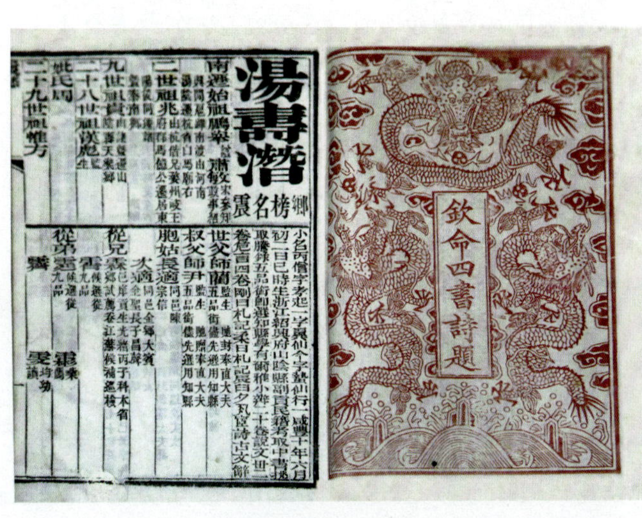
湯壽潛
鄉榜名震
南遷始祖鵬舉
二世祖兆
九世祖貴
二十八世祖漢彪
二十九世祖惟方
世父師蘭
叔父師尹
胞姑長適
從兄
從弟
欽命四書詩題

汤寿潜壬辰科会试硃卷

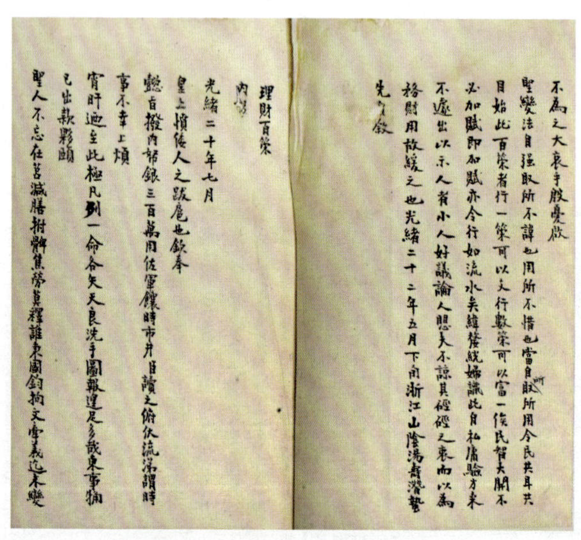

不爲之大哀乎殷憂啟
聖變法自強取所不諱也用所不惜也當自取所用令民共耳共
目始此百策者行一策可以又行數策可以富一條民智大開不
必加賦即加賦亦令行如流水矣緯蠶絨婦識此自私膚臆方來
不遽出以示人者小人好議論人聰大不諒其硜硜之衷而以爲
務財用故緩之也光緒二十二年五月下旬浙江山陰湯壽潛蟄
先自敘

理財百策
內篇
光緒二十年七月
皇上擯佞人之跋扈也欽奉
懿旨撥內帑銀三百萬用佐軍餉時市井目讀之俯伏流涕謂時
事不幸上煩
宵旰迺至此極凡列一命各矢天良洗手圖報遑足多哉東事猶
已出款彫顧
聖人不忘在莒減膳樹轍焦勞莫釋誰東園鈎拘文字義迄未變

汤寿潜个人著作——《理财百策》

馆藏《理财百策》是汤寿潜个人著作，它与《危言》、《三通考辑要》并称为汤寿潜的三部力作。著作分上、下两册，作于1895年，于翌年成稿。

《理财百策》是体现汤寿潜早期维新思想的重要论著，也是汤寿潜既立足传统经世实学，又效仿西法，中西交融的代表作。在书中，他针对晚清国疲民弱的现状，就税收、冗员等社会经济问题抒发自己的见解，并提出100种国家可以开源节流的方法。比如，针对盐政，他从“盐地”、“盐规”、“盐费”、“加丁”、“加钱”、“票本”等九个方面谈论其存在的弊漏和堵弊增收的办法。书中处处体现出汤寿潜忧国忧民的情怀，以及为挽救民族危亡积极探索变法革新的远大志向。

裁并冗員

善夫馮桂芬汰冗員之議也其言曰多一冗員不特多一糜廩祿
之人且多一朘民膏之人甚且多一僨國是之人馮豈有所感而
言歟何憂之深也馮為國是計而謂節費其小焉者雖然節費亦
豈小小哉夫度支亦云絀矣厲民而不衛民官與兵同也今兵已
議裁而冗員則舉莫敢廢抑何其籌時藉不如其愛冗員也蓋望
冗員以議裁冗員誠不免與狐謀皮姑妄言之以自殫其愚可乎
大學士宜擇可任軍機者任之仍殿閣之名而不兼各項差使以
剸戢其心志平章軍國否則穹然中堂而首在冗員之列焉用彼

《理财百策》中有关裁并冗员的章节

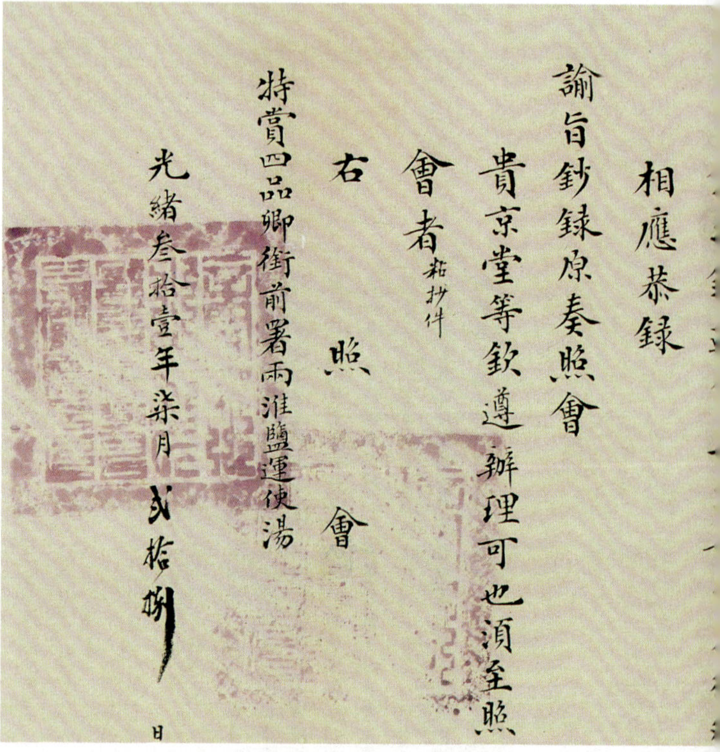

相應恭錄
諭旨鈔錄原奏照會
貴京堂等欽遵辦理可也須至照
會者 粘抄件
右 照 會
特賞四品卿銜前署兩淮鹽運使湯
光緒叁拾壹年柒月 貳拾捌 日

清光绪三十一年七月二十八日（1905年8月28日）商部奉旨同意浙江绅士筹办浙江全省铁路照会

照會

商部為照會事光緒三十一年七
月二十六日准軍機處鈔交本部
具奏浙江紳士籌辦全省鐵
路並請
派員辦理摺奉

公务档案

汤寿潜公务档案内容涉及面广，有关于浙江保路运动、民主立宪、辛亥革命、教育、外交、水利、社会治安、杭州城建等各方面的材料，其中尤以浙江保路运动档案最为完整。

1. 浙江保路运动档案

浙江保路运动档案涵盖保路运动开展的废约修路、拒款保路、革职保汤、裁撤路局等四个阶段，包括商部奉旨同意浙江绅士筹办浙江全省铁路的照会；苏浙路公司为保护路权致邮传部电；浙江巡抚院关于浙路风潮事的照会；邮传部为浙路公司请求辞退英总工程师事致浙江铁路公司的照会等。

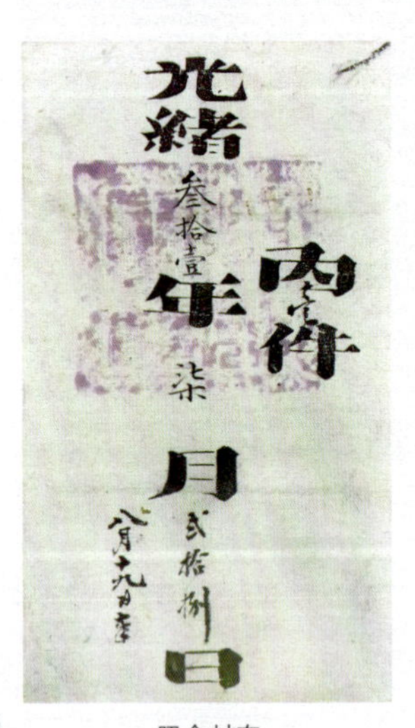

照会封套

这些档案完整记录了浙江保路运动的过程，真实再现了汤寿潜带领浙路公司，顶住清政府和外国帝国主义的双重压力，成功捍卫浙路路权的历史原貌。

浙江保路运动档案中最早的一份档案是清光绪三十一年七月二十八日

（1905年8月28日）的商部照会及其附件，两者类似于现代公文中的请示批复件，批复（照会）在前、请示（附件）在后，合为一件。照会尺寸为71cm × 26.5cm，外有封套，极富时代特征。

照会及其附件为纸质文书，系墨笔在手工纸上书写而成，它们清晰地展示了浙江保路运动初期浙江绅商创建浙路公司、请求自办铁路的情况及清政府当时所持的态度。

1905年7月，以汤寿潜为代表的浙江绅商在上海召开会议，集议成立浙江全省铁路公司，提出自办全浙铁路、废除《苏杭甬铁路草约》。

照会附件《浙江绅士筹办全省铁路并请派员总理奏》记载，1905年8月，浙省京官翰林院侍读学士黄绍箕等向朝廷呈文：“近

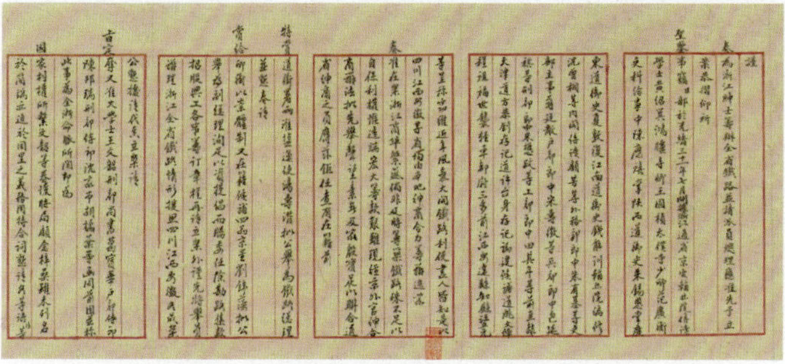

照会附件《浙江绅士筹办全省铁路并请派员总理奏》

年风气大开，铁路利便，尽人皆知……浙江商埠繁盛倘非及时筹筑铁路，殊不足以自保利权……查有在籍前道衔署两淮盐运使汤寿潜拟公举为铁路总理……刘锦藻拟公举为副总理……”

对于浙江自办铁路的要求，此时清廷是持非常积极和支持的态度的。档案显示，8月28日，商部即奉旨发布照会，“准……浙江绅士筹办全省铁路并请派员办理”，并“奉旨汤寿潜著赏给四品卿衔”。有了朝廷的旨意，汤寿潜领导浙路公司开始投入铁路建设。

面对浙人奉旨自办铁路，英人强势给清政府施压，要求苏杭甬铁路停工，软弱的清政府作了退让，同意向英方借款，再转借给铁路公司，表面为自建铁路，实质上是将路权抵押给了英国。浙人对此怒不可遏，汤寿潜带领的浙路公司率先成立浙江国民拒款会，浙江11府473位绅民随后奏呈朝廷拒借洋款集股办路，在民间也开展了广泛的集股运动，支持拒款斗争，拒款风潮迅速席卷全省。浙江保路运动由此转入拒款保路阶段。

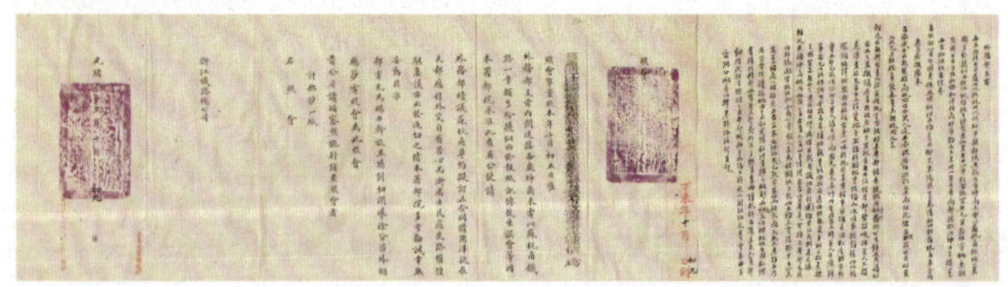

清光绪三十三年十月九日（1907年11月14日）浙江巡抚院为浙路风潮事的照会（全貌）

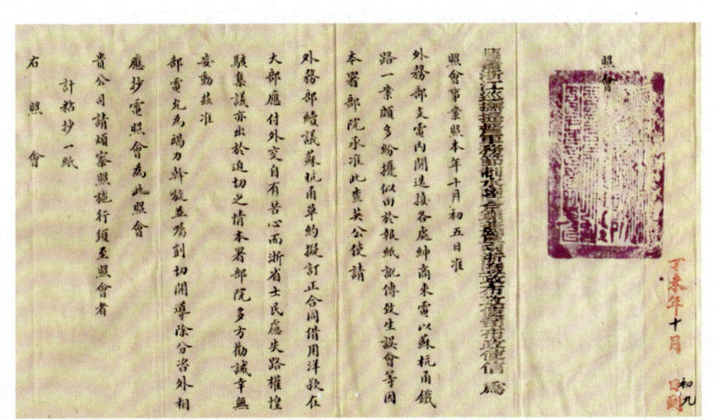

照會

丁未年十月初九日到

照會事案照本年十月初五日准
外務部支電內開迭接各處紳商來電以蘇杭甬鐵
路一案頗多紛擾似由於報紙訛傳致生誤會等因
本署部院承准此查英公使請
外務部續議蘇杭甬草約擬訂正合同借用洋款在
大部應付外交自有苦心而浙省士民慮失路權惶
駭集議亦出於迫切之情本署部院多方勸誡幸無
妄動茲准
部電允為竭力斡旋並囑剴切開導除分咨外相
應抄電照會為此照會
貴公司請煩察照施行須至照會者
計粘抄一紙
右照會

照会局部

面对汹涌而来的拒款运动，1907年11月14日，由外务部支电，要求浙路公司尽力疏导，避免拒借英款事态扩大。浙江巡抚院随后进行转发，并答应将“竭力斡旋，不负浙江父老之望”。

馆藏中的这份形成于光绪三十三年十月九日（1907年11月14日）的档案对此作了详细记载。档案为纸质文书，尺寸为91cm×24.5cm，右边为外务部支电，左边为浙江巡抚院转发的照会。通过档案，可以想象当时浙江民众对借款筑路的激烈抗拒，以及拒款风潮形成速度之快、声势之大，以致清政府不敢掉以轻心，不得不进行劝慰安抚。

1908年3月，清廷抛出了一个自认高明的"部借部还"新方案，改苏杭甬铁路为沪杭甬铁路，与英国正式签订借款合同二十四条，议定《沪杭甬铁路存款章程》。根据借款合同，清廷向英借款150万英镑存于邮传部，由邮传部负责借还；在苏浙两省铁路公司下设沪杭甬铁路局；聘用英国工程师主持局事。汤寿潜对此态度坚决，绝不妥协，他坚持不用邮传部拨款，并以浙路公司名义多次上书，要求清廷废约、退款，撤回英国总工程师。

对此，清廷企图以任命汤寿潜云南按察使和江西提学使为诱饵将他调离浙江，但汤寿潜两次均拒不受职。据档案中1910年8月邮传部、浙江巡抚院关于不准汤寿潜干预路事分别致浙路公司的照会记载，称汤寿潜"措词诸多荒谬狂悖已极……著即行革职，不准干预路事……"照会言辞激烈，我们可以清晰地感受到，清廷对于汤寿潜如此不识好歹，再三挑战当权者权限的行为是大为光火的，以致最终撕破了脸皮。

照会一出，援汤保汤的声音此起彼伏，全省各地迅速形成保汤、援汤热潮，至此，浙江保路运动达到巅峰。

在民众坚持不懈的努力之下，1911年2月，浙路公司会同苏路公司终于成功裁撤沪杭甬铁路局，辞退英国总工程师。不久，清政府与英国议妥，同意废止沪杭甬铁路借款合同，把借款移给开封、徐州铁路使用，浙江保路运动取得了最终胜利。

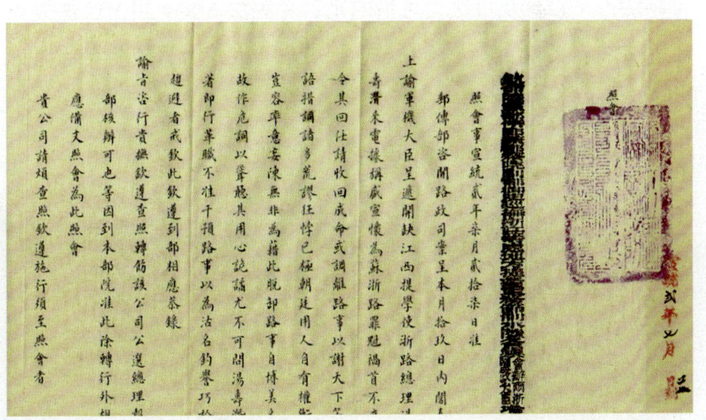
照會事宣統貳年柒月貳拾柒日准
郵傳部咨開路政司案呈本月拾玖日內閣
上諭軍機大臣呈遞開缺江西提學使浙路總理
壽潛來電據稱盛宣懷為蘇浙路罪魁禍首不
令其回任請收回成命或調離路事以謝天下
語措詞諸多荒謬狂悖已極朝廷用人自有權
豈容率意妄陳無非為藉此脫卸路事自博美
故作危詞以聳聽其用心詭譎尤不可問湯壽潛
著即行革職不准干預路事以為沽名釣譽巧
趨避者戒欽此欽遵到部相應恭錄
諭旨咨行貴撫欽遵查照轉飭該公司公選總理
部核辦可也等因到本部院准此除轉行外
應備文照會為此照會
貴公司請煩查照欽遵施行須至照會者

1910年8月，邮传部、浙江巡抚院关于不准汤寿潜干预路事分别致浙路公司的照会

2. 民主立宪档案

档案中有关汤寿潜立宪方面的材料，是研究其立宪思想形成和演变的珍贵史料，具有重要的参考价值。

档案中有汤寿潜写于清光绪二十七年八月（1901年9月）的《宪法古义叙》及目次，可惜的是，《宪法古义》目前已佚失。在《宪法古义叙》中，汤寿潜称：“夫西人绞无量数生灵之血，

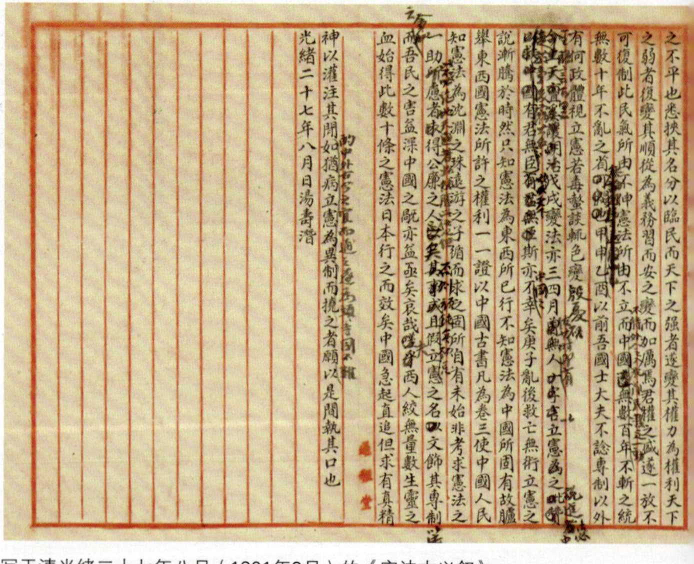

写于清光绪二十七年八月（1901年9月）的《宪法古义叙》

始得此数十条之宪法，日本行之而效矣。中国急起直追，但求有真精神灌注其间，酌中外古今之宜而通之，遂为头等国不难。”由此可知汤寿潜对立宪重要性的认识，他认为中国只要立宪，就能成为头等国。

此外，还有汤寿潜1908年的《代拟浙人请求立宪、召开国会的请愿书》，1909年至1910年写的《为宪政维新沥陈管见事奏稿》、

憲法古義敘

尚書說命言時憲言成憲傳憲法也此為中國古籍言憲之始毋然於立憲無與周官經為中國公布法律之始雖憲政內[illegible]書缺有間綜其全體觀之主於限君財而達民隱朝士杜注憲謂幡書以明之則固憲政之句萌也降及東周君權駸駸盛矣獨管子知以憲法治齊立政篇首憲章之言曰正月之朔百官在朝君乃出令布憲於國憲既布有不行憲者罪死不赦考憲而有不合於太府之籍者侈曰專制不足曰虧令以立憲與專制對言則齊國之定憲法明甚惜乎齊為侯國周而行此八百年未有艾也西人樂稱以法制國管子亦言以法制國則舉錯而已蓋以法律為一國所共定故君臣上下同受制於法律之中任法篇之言曰君臣上下貴賤皆從法此之謂大治重法律故重主權重主權故重操握主權之人管子推尊視法律益以尊視君權然則憲法者民權之護符而亦君權之後盾彼疑立憲之有損於君權非真知憲法者也商君為秦立法大抵不離於專制者近是其修權篇之言曰法者君臣之所共操也權者君之所獨操也以人君操國家之主權而非以人君為國家之主體何先後與伯倫知理國家法人語若合符節也又墨子非命上篇云先王之國所以出國家布施百姓者憲也以出國家施百姓者為憲則憲為一國君民所共遵而非壓服臣民之苛法明甚墨子之所謂憲殆即荀子非十二子篇所謂成文典乎其時封建之法將敝專制之勢已成諸老先太息於君與民之閒若城塹然思有以溝而通之理想所寄而不能發皇其說以專樹立憲之幟其幟卒待西儒而開斯亦吾民之不幸而不得謂中國古代曾無一人知憲法亦無一言及憲法者也陸子靜曰典憲二字甚大惟知道者能明之後人乃指其所撰苛法名之曰憲典此正所謂無忌憚此宋儒之精言非下走一人之私言駁立憲者亦肆業及之耶特中國自三代以來即有君尊臣卑之說由是尊卑之分嚴上下之等立蓋中國以禮為立國之本故制禮以繁而尊西人以利為立國之本故立法以公而平人君利法

《代拟条陈疏》，以及汤寿潜为推行立宪呈上的奏稿等，从中我们得以窥见汤寿潜的立宪思想和作为。

3. 辛亥革命档案

档案中还有涉及辛亥革命方面的材料，包括：汤寿潜请拨还南京临时政府财政部所借浙路公司款与北洋政府财政部来往电，浙军都督汤寿潜为沪军北伐借款事致浙路公司的照会，为筹建南京临时政府与各省都督的来往信函等。这些档案对于研究辛亥革命后至南京临时政府成立前浙江的形势，具有重要的史料价值。

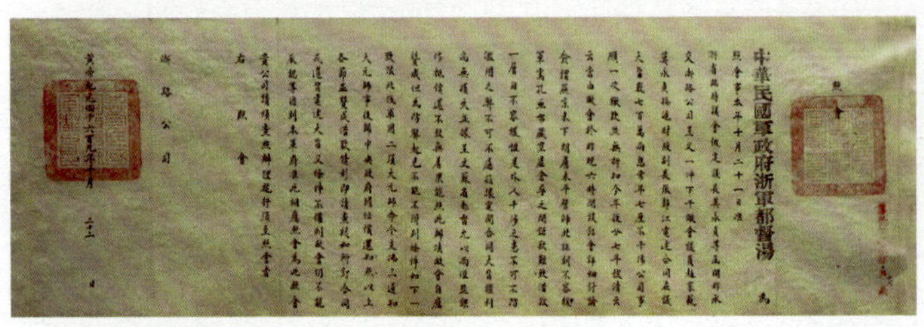
中華民國軍政府浙軍都督湯

浙军都督汤寿潜为沪军北伐借款事致浙路公司的照会

管理及利用

《汤寿潜与保路运动档案》在捐赠进馆前，由于长期保存在个人手中，存在着虫蛀、霉变、褪色和残缺等情况，损坏程度比较严重。进馆后，浙江省档案馆采取修裱等保护处理措施，及时对档案进行了抢救和保护。

档案特藏室

为确保档案的安全与完整，浙江省档案馆还将《汤寿潜与保路运动档案》存放于二楼特藏室，提供良好的保管条件，实行严格的管理制度。特藏室配备了监控以及自动报警、灭火装置，终年恒温恒湿；安装两道防盗门，由两人分别保管钥匙，实行严格的库房出入制度；每月进行库房巡查，定期做好档案的清点检查，发现档案霉变、虫蛀等情况及时报告、及时处理。

2001年，浙江省档案馆以申报国家档案文献遗产项目为契机，对《汤寿潜与保路运动档案》重新进行了系统整理，将档案逐件套上信封、装入档案盒，进行翻拍、数字化扫描工作。同时组织馆内专业研究人员对档案内容进行开发利用，形成了一系列研究论文和成果，并按照保路运动发展脉络，精心挑选并上报22件最具典型性、代表性的档案，最终顺利通过首批中国档案文献遗产项目的评审。

为了最大程度地实现《汤寿潜与保路运动档案》的价值，浙江省档案馆还采取档案珍品陈列、提供档案查阅利用、编辑书籍资料等方式，对档案进行深度的开发。

档案珍品陈列

浙江省档案馆利用《汤寿潜与保路运动档案》编辑出版的书籍

浙江省档案馆提供《汤寿潜与保路运动档案》的免费查阅利用。还对其进行标准化著录，完成了档案案卷目录、卷内目录和部分档案全文数字化扫描工作，建立了计算机检索数据库，方便用户查阅利用。

此外，浙江省档案馆在研究《汤寿潜与保路运动档案》的基础上编辑出版了《中国档案精粹·浙江卷》、《浙江20世纪图鉴》、《辛亥浙江写真》、《辛亥江南》、《浙江历史上的今天》等书籍。同时，在浙江省档案馆二楼陈列室对部分《汤寿潜与保路运动档案》作了珍品展陈。

附录 部分档案目录

1．商部奉旨同意浙江绅士筹办全省铁路并推两淮盐运使汤寿潜为总理，赏给汤寿潜四品卿衔事致两淮盐运使的照会（附浙江绅士筹办全省铁路并请派员总理奏）（1905年8月28日）

2．汤寿潜、刘锦藻为自办铁路群情激昂，避免英人挑衅，请求政府饬知府及两县弹压致浙抚函（1906年2月12日）

3．京官朱福诜为进京入奏，请求撤废中英苏杭甬铁路条约章程交涉成功致全体股东及董事函（1906年3月12日）

4．邮传部为外务部已与英人议明将借款与造路分为二事致浙江铁路公司的照会（1907年10月24日）

5．浙江巡抚院为浙江11府473位绅民奏呈朝廷拒借洋款集股办路事致全浙铁路公司的照会（1907年10月30日）

6. 浙江巡抚院为苏杭甬铁路抵押借款事抄发外务部来往文电照会全浙铁路公司（1907年11月9日）

7. 浙江布政司转发外务部电，要求浙铁路公司做好绅商的疏导工作，避免拒借英款的事态扩大，并照会浙江铁路公司（1907年11月14日）

8. 浙江巡抚院为浙江绅士请求朝廷修改借款章程事致全浙铁路公司的照会（附浙江绅士请求朝廷令外务部审改借款办法维护路权奏报）（1907年11月21日）

9. 浙抚部院转发外务部会同邮传部具奏苏杭甬铁路改苏为沪，与中英公司订立借款合同，并奏沪杭甬铁路商民承领部拨存款事致王中堂照会（1908年3月31日）

10. 浙巡抚院为朝廷已审定批准江浙铁路公司存款章程事致全浙铁路公司照会（附江浙铁路公司存款章程、筹垫借款亏耗办法）（1908年5月20日）

11. 浙江布政司为朝廷已审定批准江浙铁路存款章程事致浙江铁路公司照会（附江浙铁路公司存款章程、筹垫借款亏耗办法）（1908年6月7日）

联系我们

浙江省档案馆

地址：浙江省杭州市曙光路45号

邮编：310007

电话：0571-85214661

网址：http://www.zjda.gov.cn/

茅以升与钱塘江桥工程档案

浙江省各级综合档案馆馆藏档案精品介绍（第一辑）

编辑委员会

总序

时光流淌，世事更迭，唯有浩繁卷册留存了人类历史发展的足痕印记。档案作为历史的真实记录，是连接过去、今天的桥，也是通向未来的门。档案承载着过往，担负着使命。近年来，作为公共文化机构的档案馆，走向社会的脚步不断加快，践行着资政、维权、育人的神圣职责。

浙江省100家各级综合档案馆作为永久保存档案的基地，经几代人的勤勉耕耘，积数十年之功，收藏了清朝以来2300余万卷（件）纸质档案、近200万张照片和3万余盘音像资料，其中入选中国档案文献遗产名录9项，入选浙江档案文献遗产名录26项。它们内容精彩纷呈，形式丰富多样，既有风云激荡的历史宏卷，也有令人唏嘘的家族记忆，其中蕴含着家国情怀、民族大义和优秀文化。这些既是宝贵的历史文化遗产，更是人类共同的精神财富。

《浙江省各级综合档案馆馆藏档案精品介绍》是一套系列丛书，从2015年起分辑出版，每辑10册，每册介绍1项精品档案。我们从全省各级综合档案馆馆藏中精心挑选，同时，注重材料的真实、考证的严谨和叙述的准确。通过大量的历史资料、图片，以图文并茂的形式，对档案的背景由来、内容价值以及管理利用等方面进行全面地解读和揭示。

“旧时王谢堂前燕，飞入寻常百姓家”。作为“养在深闺人未识”的馆藏档案，只有深度挖掘与开发，才能真正服务大众。《浙江省各级综合档案馆馆藏档案精品介绍》以推介档案文化为宗旨，它不是高大上的“鲍鱼海参”，是为社会大众奉上的一道“精品小菜”。一册一题、通俗生动，利用翔实的史料，引导读者探寻历史发展的细节，倾听历史深处的回声，感悟历史演变的规律。希望这是一道有营养的档案文化“小菜”。

编　者

2015年5月

目录

CONTENTS

引子

滚滚钱塘江上，几座大桥飞架南北，气势如虹，昼夜车流不息。其中建成最早的钱塘江大桥已屹立潮头近八十载，它是由我国著名桥梁专家茅以升设计建造的，是中国人自行设计建造的第一座现代化桥梁，在我国桥梁设计与建筑史上具有特殊意义。

茅以升设计建造的钱塘江大桥

浙江省档案馆珍藏着大桥建设的第一手史料——《茅以升与钱塘江桥工程档案》，客观而真实地记录了茅以升在20世纪30年代克服重重困难，建造钱塘江大桥的一段历史。这些档案仿佛是一座跨越时空的桥，带领我们去认识这座闻名中外的桥和那些可敬的建造者们……

背景和由来

茅以升

茅以升（1896—1989），字唐臣，出生于江苏镇江，第六届全国政协副主席，九三学社中央委员会名誉主席，著名桥梁专家、土木工程学家、教育家。早年毕业于唐山工业专科学校，被清华学堂官费保送至美国留学，1919年成为卡内基—梅隆理工学院首名工学博士，他在博士论文《桥梁桁架的次应力》中的科学创见，被誉为“茅氏定律”。学成归国后，于1933年至1937年主持设

茅以升

计建造了我国第一座公路、铁路两用桥——钱塘江桥。抗日战争和解放战争时期，历任唐山工学院院长、中国桥梁公司总经理、中央研究院院长、中国工程师学会会长。

新中国成立后，历任中国交通大学校长、铁道部铁道科学研究院院长、中国科学技术协会副主席、中国科学院学部委员、中国土木工程学会理事长、国际桥梁及结构工程协会高级会员。1982年美国国家科学院授予茅以升外籍院士称号。茅以升长期任九三学社中央副主席。1987年加入中国共产党。1989年11月在北京逝世，终年94岁。

茅以升是一位特别重视档案工作的科学家。在钱塘江桥建设中，他注重第一手材料的积累、整理和保存，并且创造性地采取了拍摄的方法，记录下工程不同阶段的场景，最终形成了一套完备的工程档案。抗日战争期间，茅以升一家在躲避战乱途中屡遇险情，但他所保管的钱塘江桥工程档案却安然无恙。

钱塘江桥

钱塘江桥（即钱塘江大桥，又称钱塘江一桥）位于浙江省杭州市六和塔附近，是我国自行设计建造的第一座双层式公路、铁路两用特大桥。大桥全长1453米，上层为6.10米宽的公路，下层为标准轨距的单线铁路，正桥16孔，15座桥墩。大桥的总设计师是茅以升，总工程师为罗英。

1937年9月刚建成的钱塘江桥

大桥在1933年8月至1934年12月筹备修建，1935年4月动工，1937年9月完工。在抗日战争初期，大桥是连接浙赣铁路的交通要道，承担了疏散南撤军民及运输物资的重任。大桥通车3个月后，因日本侵略军逼近杭州，为防止敌人过江，于1937年12月23日杭州沦陷前一天，由我方自动炸毁，有五孔钢梁坠落江中。抗战胜利后，因历史原因，大桥修复工程旷日弥久，直到1953年才最终修复通车。

大桥原定设计使用期限50年，设计时速20公里，设计荷载轴重铁路面50吨、公路面15吨。然而这是一座神奇的能够超期超载服役的大桥，时至今日还在承担繁忙的现代交通任务，被誉为“桥坚强”，成为国人建桥的一个标杆。

钱塘江桥工程处全体职员合影

档案往事

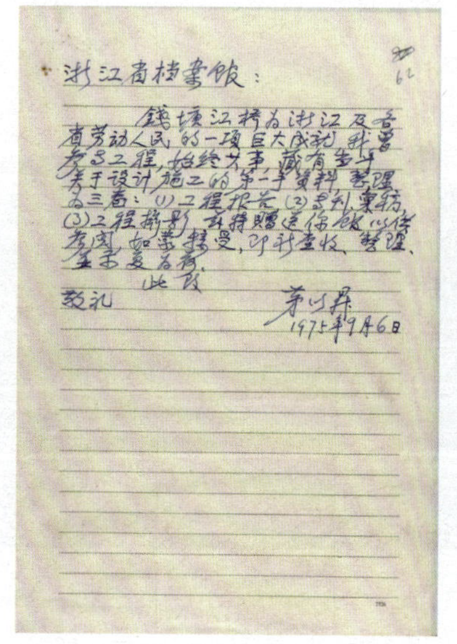

浙江省档案館：

钱塘江桥为浙江及各省劳动人民的一项巨大成就，我曾参与工程，始终其事，藏有当年关于设计施工的第一手资料，整理为三卷：(1)工程报告 (2)专刊汇稿 (3)工程摄影，兹特赠送你馆以供参阅，如蒙接受，即祈查收、整理、并示复为荷。

此致

敬礼

茅以升
1975年9月6日

1975年9月6日，茅以升写给浙江省档案馆的亲笔信

1975年9月，茅以升带着一个坚定的意愿来到杭州：要将钱塘江桥核心工程技术档案带回大桥所在地！不久后，这批在茅以升身边四十余载的档案，千里迢迢从北京被护送回杭州故里。茅以升请浙江省交通厅转交浙江省档案馆，同时附上一封亲笔信，真挚地表达了捐赠意愿：“钱塘江桥为浙江及各省劳动人民的一项巨大成就。我曾参与工程，始终其事，藏有当年关于设计施工的第一手资料，整理为三卷：（1）工程报告，（2）专刊、汇稿，（3）工程摄影，兹特赠送你馆以供参阅，如蒙接受，即祈查收、整理，并示复为荷。”浙江省档案馆收到档案后，深为茅以升对档案部门的信任所鼓舞和感动，立即回信表示感谢。

1978年9月，浙江省档案馆曾将这批档案转给上海铁路局。1980年浙江省交通厅转来茅以升的意见，告之这批档案存放于上海铁路局不妥。浙江省档案馆立即从上海取回档案。得知这一情况后，茅以升在1980年9月17日写信给浙江省档案馆：“钱江大桥档案三册，已由上海铁路局取回，仍由你馆保管，正是我的愿望，甚为忻慰。”茅以升曾说过：“过去我为人民修建了钱塘江大桥，现在我又把大桥的全部资料献给国家，这才能说真正完成了国家和人民交给我的历史任务。”

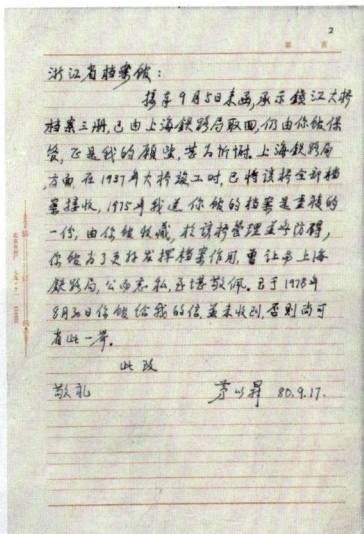

1980年9月17日，茅以升写给浙江省档案馆的亲笔信

自此，茅以升与浙江省档案馆结缘。1985年5月23日上午，茅以升视察浙江省档案馆，翻阅了经过整理的工程档案，高兴地说：“你们工作做得很好，档案保管得这样好，我很放心，这些档案今后还是很有用的。”

值得一提的是，在茅以升捐赠档案之后，浙江省档案馆又陆续收到了茅以升的女儿茅玉麟、曾参与钱塘江桥建设的李文骥工程师的女儿李希等捐赠的档案。同时还与钱塘江大桥纪念馆交流了部分档案，使《茅以升与钱塘江桥工程档案》得到了极大的丰富。

1985年茅以升（坐者）视察浙江省档案馆，翻阅钱塘江桥工程档案

档案介绍

茅以升曾说："人生一征途耳，其长百年，我已走过十之七八，回首前尘，历历在目，崎岖多于平坦，忽深谷，忽洪涛，幸赖桥梁以渡。桥何名欤？曰奋斗。"钱塘江大桥就是一座奋斗之桥，档案就是奋斗的记录。

浙江省档案馆馆藏《茅以升与钱塘江桥工程档案》共18卷，80件；照片17册，1143张。档案起止时间为1933年至1989年，主要内容为：（1）钱塘江桥筹备、设计和施工过程中形成的文书档案；（2）钱塘江桥工程图纸；（3）茅以升与钱塘江桥工程照片；（4）刊登有关钱塘江桥工程的中外出版物；（5）茅以升撰写的关于钱塘江桥工程的著作与手稿；（6）《钱塘江大桥工程》等声像档案。档案载体有纸质、胶片、光盘等。文字有中、英文两种。

档案中的图纸、文稿、画册、报纸……都带着20世纪30年代的气息，甚至连老式的文件夹上贴的大幅照片也是当年大桥的模样。

1. 文书类

馆藏钱塘江桥文书档案主要是反映1933年8月至1934年12月钱塘江桥筹备情况的档案。有建桥计划书、招标简章、工程说明与筹备报告、工程的概算与预算等。

编制于1933年10月的《钱塘江建桥计划书》是最早的一份文书档案。由建桥理由、桥基钻探、钱江水文、运输要求、线路联络等部分组成。计划书有力地粉碎了外国人关于“中国人无法在钱塘江上建桥”的说法。

1934年11月11日编写的《钱塘江桥筹备报告》分建桥计划、部省合力、组织经过、设计研究、招标情形、审标定标、工款筹算、工作程序等章节，全面介绍了大桥筹备期间的情况，凸显出茅以升的建桥工作理念。

“建桥计划”章节中分析了“建桥理由”，比较了轮渡、隧道、桥梁等三种通过钱塘江的形式，得出如下结论：“桥梁为一劳永逸之方法，钱江行旅极繁，而水上不通巨舶，最合建造桥梁

民國二十二年十月
錢塘江建橋計劃書
錢塘江橋工委員會
處長室

钱塘江建桥计划书

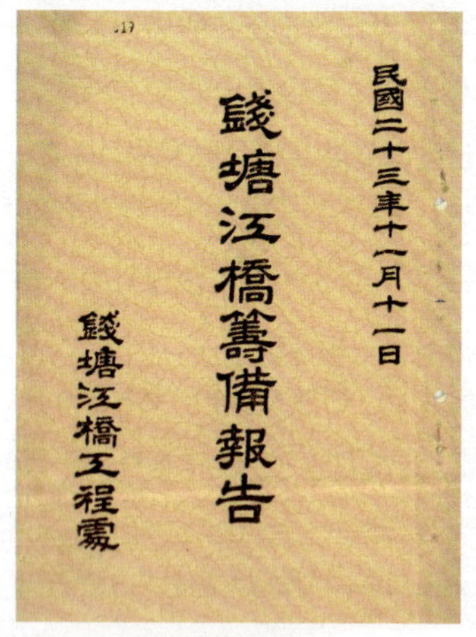
民國二十三年十一月十一日
錢塘江橋籌備報告
錢塘江橋工程處

钱塘江桥筹备报告

之条件。”关于“桥址选择”，报告指出南星桥距城市最近，就地形而言最理想，但是因江面开阔，水文地质条件复杂，不利于造桥。“其他各处，经多次勘验，但以闸口之沪杭甬铁路终点为最宜，其地江面较狭，河身稳定，北面沙滩亦少，且正对虎山谷，于联络各项路线，比较便利，从经济上观察，实非他处可及。”

“组织经过”章节中，提到钱塘江桥工程管理处“有一特异之点，即于规程中订明得招收大学毕业生，实地练习，俾养成桥梁专门人才，为异日工程之助”。此外，茅以升还曾吸收大批土木工

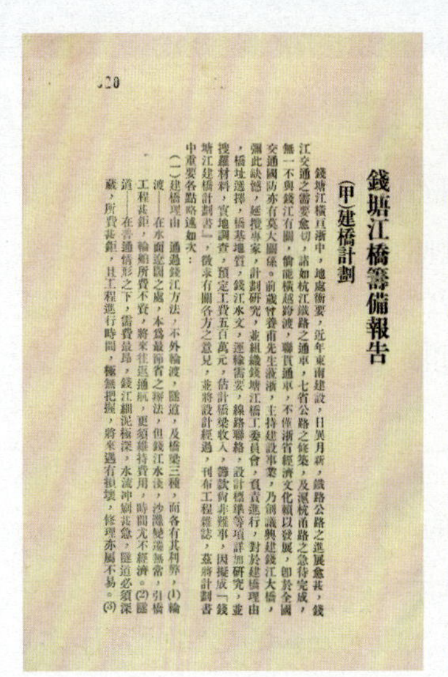

錢塘江橋籌備報告

(甲)建橋計劃

錢塘江橫亘浙中，地處衝要，近年東南建設，日異月新，鐵路公路之進展愈甚，錢江交通之需要愈切，諸如杭江鐵路之通車，七省公路之修築，及滬杭甬路之急待完成，無一不與錢江有關，倘能橫越跨渡，聯貫通車，不僅浙省經濟文化賴以發展，即於全國交通國防亦有莫大關係。前歲曾養甫先生蒞浙，主持建設事業，乃創議興建錢江大橋，彌此缺憾，延攬專家，計劃研究，並組織錢塘江橋工委員會，負責進行，對於建橋理由，橋址選擇，橋基地質，錢江水文，運輸需要，線路聯絡，設計標準等項詳加研究，並搜羅材料，實地調查，預定工費五百萬元，估計橋梁收入，籌款尚非難事，因擬成「錢塘江建橋計劃書」，徵求有關各方之意見，並將設計經過，刊布工程雜誌，茲將計劃書中重要各點略述如次：

(一)建橋理由　通過錢江方法，不外輪渡，隧道，及橋梁三種，而各有其利弊，(1)輪渡——在水面遼闊之處，本爲最節省之辦法，但錢江水淺，沙灘變遷無常，引橋工程甚鉅，輪船所費不貲，將來往返遞航，更須維持費用，時間尤不經濟。(2)隧道——在普通情形之下，需費最昂，錢江細泥極深，水流沖刷甚急，隧道必須深藏，所費甚鉅，且工程進行時間，極無把握，將來遇有損壞，修理亦屬不易。(3)

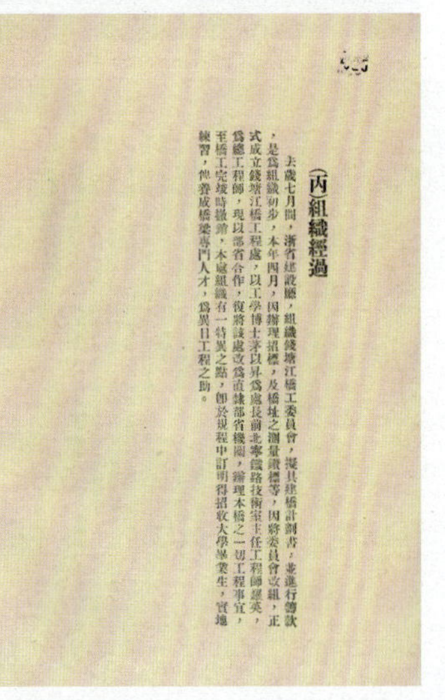

(丙)組織經過

去歲七月間，浙省建設廳，組織錢塘江橋工委員會，擬具建橋計劃書，並進行籌款，是爲組織初步，本年四月，因辦理招標，及橋址之測量鑽探等，因將委員會改組，正式成立錢塘江橋工程處，以工學博士茅以昇爲處長前北寧鐵路技術室主任工程師羅英，爲總工程師，現以部省合作，復將該處改爲直隸部省機關，辦理本橋之一切工程事宜，至橋工完竣時撤銷，本處組織有一特異之點，即於規程中訂明得招收大學畢業生，實地練習，俾養成橋梁專門人才，爲異日工程之助。

《钱塘江桥筹备报告》内页

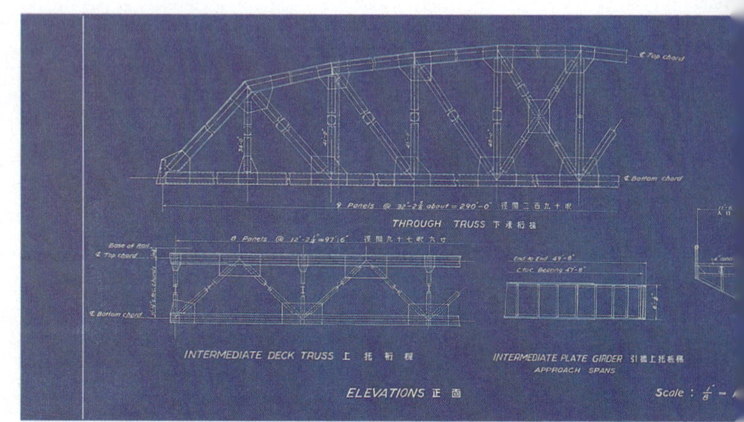

《桥梁设计（图十）》

程专业在校学生参加工程实践，把工地办成学校。这些独特的做法使钱塘江大桥成为我国桥梁工程师的摇篮，为国家培育出一大批桥梁工程师。日后，他们在武汉长江大桥、南京长江大桥等一些重要桥梁工程建设中发挥了重要的作用。

2. 图纸类

钱塘江桥工程图纸共53张，主要有地质图、地形图、工程施工图等，是工程最核心、最主要的部分，价值极高。

《桥梁设计（图十）》呈现出设计上的创造性。钱塘江底流沙下面的石层特殊，承载力不大，但是需要承载从公路面到石层71米高的建筑物。如何把这建筑物的重量减至最低限度，使石层能够

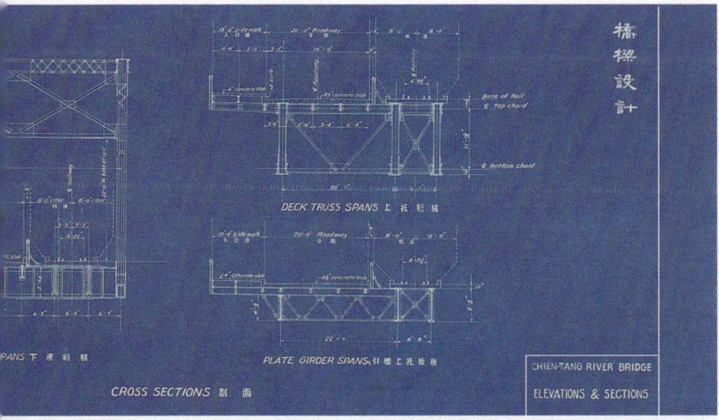

胜任呢？茅以升的设计是这样的：钢梁用合金钢制成，强度大而重量轻。15个桥墩，16个孔跨度相同，钢梁长度一律，这样就可预先多备一孔，遇到钢梁任何一孔被炸断时，用来代替，以便迅速修复通车，在国防上有重要意义。在设计中还考虑美观上的要求，使全桥各部分方圆配合，色彩调和，主次分明，浑然一体。

附图中有一套非常特殊的图纸，与建桥无关，标题中都含“装药”两字。图一为正桥第14号桥墩内装药永久坑室设备，图二至图五为不同的装药方法，图六为预计破坏后之情况。原来这六张图就是在1937年公路桥面开通前就设计好的炸桥方法，这个“药”就是炸药。而爆炸后的效果与设计几乎完全相同。开桥就准备炸

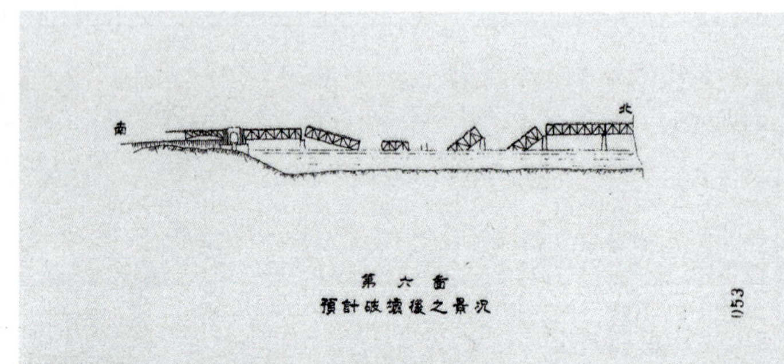

大桥被破坏情况设想（附图六）

大桥被炸的实景

桥，无异于要母亲亲手掐死初生的婴儿。这个残酷的决定起因于日本侵略者发动的侵华战争，但也从另一面见证了中华民族在侵略者面前顽强不屈的精神！

3. 照片类

工程档案中还有大量的照片、底片，包括茅以升个人工作、生活照片310张；反映钱塘江桥工程建设全貌的照片833张，分开工典礼，人物，南岸、北岸、引桥、开挖山口，北岸各地，机械设备、仪器、测量，打桩，沉箱，钢梁，水面、桥墩、桥面等九个主题；以及一些珍贵的底片，尤以玻璃底片较为罕见，这些底片保存完好，尚可冲印。

“开工典礼”主题照片著录尤为详细。钱塘江大桥工程开工典礼于1934年11月11日（第一次世界大战后的和平纪念日）举行。照片记录了开工典礼临时礼堂、工程处全体职员合影、曾养甫（时任浙江省建设厅厅长）及夫人行揭幕礼及定中心线、铁道部次长曾仲鸣行打桩礼等。

工程各主题照片记录了茅以升与桥工处全体人员攻坚克难建造大桥的过程。他们创造性地采用了射水法，克服了在厚硬的流沙上难以打桩的困难；采用沉箱法，克服了水流湍急难以施工的困难；采用浮运法，利用江潮的涨落巧妙地在桥墩上架设了钢梁。

钱塘江桥开工典礼临时礼堂

沉箱

打桩

浮运钢梁

1937年9月26日，第一列火车过桥

1937年11月17日，第一辆汽车通过大桥

另外，记录了两个历史瞬间的照片也非常珍贵，分别是1937年9月26日第一列火车通过大桥和1937年11月17日第一辆汽车通过大桥。1999年11月在厦门举办的“中国桥梁百年回顾展”上曾展出这两张照片。

4. 出版物类

钱塘江桥工程相关出版物主要有《工程》杂志、*The Shanghai Evening Post & Mercury*（《大美公报》）、《大公报》等，刊登内容分钱塘江大桥建设的新闻报道、图片及建桥论文等。

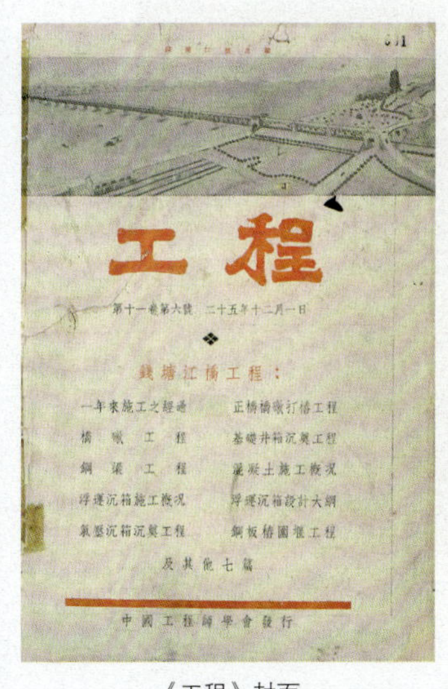

工程

第十一卷第六號 二十五年十二月一日

錢塘江橋工程：

一年來施工之經過　正橋橋墩打樁工程

橋墩工程　基礎井箱沉奠工程

鋼梁工程　混凝土施工概況

浮運沉箱施工概況　浮運沉箱設計大綱

氣壓沉箱沉奠工程　鋼板樁圍堰工程

及其他七篇

中國工程師學會發行

《工程》封面

《工程》目录

档案介绍

The Shanghai Evening Post & Mercury, Saturday, May 1, 1937 5

THE CHIEN TANG RIVER BRIDGE

Bridge To Link Canton-Shanghai Crowns Achievement Of Local Contractor

Main Pier Construction Outstanding Feature; A. Corrit, Designer And Contractor, Also Designs Equipment Making Erection Of Piers Possible

By DR. T. E. MAO

Dr. T. E. MAO

The Shanghai Evening Post & Mercury（《大美公报》）关于钱塘江桥的报道

《工程》是中国工程师学会会刊，1936年12月1日“第十一卷第六号”是钱塘江桥工程专号，刊登了17篇钱塘江桥工程处工程师们的研究论文。

《大公报》曾大量报道过钱塘江桥。馆藏《大公报》中有抗战胜利后修复钱塘江大桥的报道，如1947年“图画第三五期”刊登的“3月1日开放之钱塘江大桥”，1948年刊登的“钱塘江桥逐步恢复旧观，已完成第五主墩杆件的加固，今年上半年工程款是六百亿元”等。

5. 手稿、著作类

茅以升不仅是一位爱国的桥梁专家，还是一位勤奋的科普作家。他认为“科学属于人民”，“科普是一座通向‘四化’的桥梁”。他以亲历者的身份，撰写了一系列与钱塘江桥工程相关的科普著作，向大众普及桥梁知识，为工程人员提供建桥参考，为历史留下明晰的注解。馆藏中有《钱塘江桥工程记》（1946年5月）、《抗战以来的钱塘江大桥》（1946年）、《钱塘江大桥概述》（1947年11月）、《钱塘江桥》（1950年）和《钱塘回忆——建桥、炸桥、修桥》（1963年10月）等。

刊言

今年七月七日抗日戰爭爆發，八月十三日戰火延至上海，八月十四日敵機來本橋轟炸。其時本橋工程，大部完竣，惟第六墩沉箱，方才落到石層，尚未封底，橋墩上部待築，因而第六第七兩孔鋼梁，尚待安裝。正值本橋工程之最後緊要階段。全橋員工，激於愛國義憤，全力趕工，不分晝夜，在不足一個月時間內，於九月十二日，將第六墩全部築成。隨即於九月十九日浮運第六孔鋼梁，隔一日浮運第七孔鋼梁，於是全橋十六孔鋼梁合攏。逐夜鋪設鐵路軌道，完成一切附屬工程，亦於九月二十六日將鐵路火車首次渡過錢塘江。時我淞滬戰士仍在保守國土，浴血抗戰。鋼梁上層公路路面亦已築成，但為預防敵機空襲，尚未開放通車，直至十一月十七日，因錢江義渡被迫停止，始讓汽車及行人過橋，於是「兩腳跨過錢塘江」成為現實。

十二月二十三日，敵軍迫近杭州，本橋為我方自動爆炸，第十四號橋墩被毀，五孔鋼梁落水。橋雖被炸，然抗戰必勝，此橋必獲重修，立此誓言，以待將來。

錢塘江橋工程之重要項目，除紀載於工程攝影第一二兩輯外，餘悉備於此冊。

茅以昇 二十六年除夕

《钱塘江桥工程摄影（第三辑）》上的《刊言》

《钱塘江桥工程摄影（第三辑）》上的《刊言》也是茅以升的手迹。《刊言》完成于1937年除夕，既写下了大桥建成后通行的人们“两脚跨过钱塘江”的喜悦，也记录下大桥因日寇侵略而被迫由“我方自动炸毁”的仇恨，发出“桥虽被炸，然抗战必胜，此桥必获重修”的铮铮誓言。

钱塘回忆——建桥、炸桥、修桥

茅以升

解放前建成的杭州钱塘江桥，经过当时报刊宣传，中外注目，成为国民党反动统治标榜建设的一个借口。究竟这座桥在政治、经济和技术上，能作哪些标榜呢？究竟这座桥在当时半封建、半殖民地的情况下，是怎样建成的呢？建成以后又是如何被炸的呢？……所有这些，都成往迹，今天看来，事隔三十年，而桥又非最大之桥，似乎不必浪费笔墨，再提这些旧事了。不过桥的本身虽已有历史记载，但造桥经过却反映了一些历史情况，值得今昔对比，来说明我们社会主义制度的优越性。同时，从技术上说，造桥所经过的困难，也还有值得参考的价值。只是在这个意义上，我才鼓起勇气来写这篇回忆录。

钱塘江桥得名的原因，主要由于它是

茅以升《钱塘回忆——建桥、炸桥、修桥》手稿

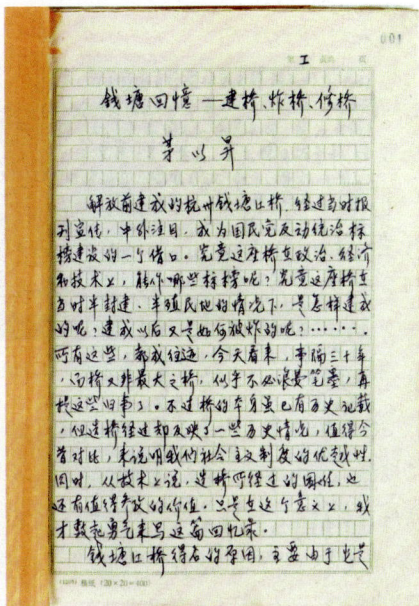

手稿《钱塘回忆——建桥、炸桥、修桥》是一部回忆录，讲述了钱塘江大桥从无到有，从被炸到修缮的过程，事无巨细，娓娓道来，传奇过往，历历在目。在茅以升拟就的标题中，我们也能感受到那些不平凡的岁月，如开工赶工、八十一难、战起工成、开桥炸桥、战后修桥等等。

6. 声像类

主要有《钱塘江大桥工程》纪录片、《科学历程·茅以升》、《科学历程·桥》、《茅以升和钱塘江大桥》等声像档案，其中《钱塘江大桥工程》纪录片是茅以升对钱塘江大桥整个工程的进度及重点施工逐一拍摄、记录的影片，生动地展示了工程师、工人们建桥的各个环节，既是纪录片，也是教育片，对培育中国桥梁专家有很大的意义。

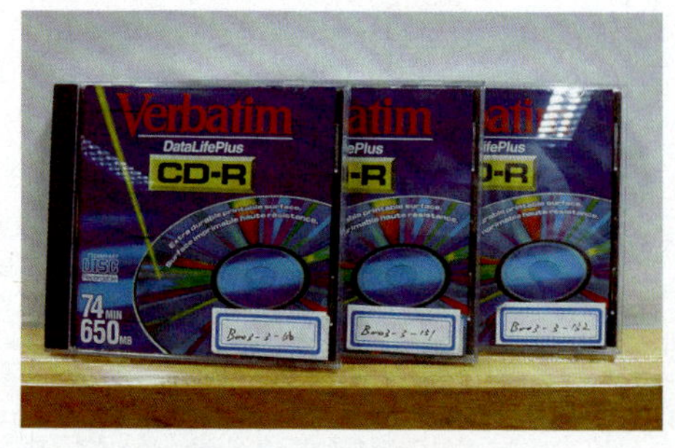

《钱塘江大桥工程》等声像档案

据茅玉麟介绍说："在当时的社会背景下，中国电影正处于萌芽期，拍摄存档远远没有运用到工程建设中。钱塘江大桥是我国第一座铁路、公路两用现代化桥梁，作为它的设计和监造者，同时为它存档，父亲可以说是我国用影像资料记录工程的第一人！这也体现出他对档案工作的超前意识和前瞻性思维。"

档案的管理

因年代久远，历经战火，钱塘江桥工程档案在捐赠初期，存在着霉变、破损等情况，尤其是底片和照片蜕变泛银、硫化发黄、划伤、污损程度较为严重。为此，浙江省档案馆及时采取了各种有效的修复措施，并对底片、照片进行冲印、翻拍，确保了档案实体安全。

目前，钱塘江桥工程档案存放于特藏室，属于浙江省档案馆一级管理标准的档案。同时，按照有关档案安全保管的要求，单独配置监控、恒温恒湿控制及记录设备、自动报警和灭火装置。

为了便于检索和利用，浙江省档案馆将工程档案全部拍成缩微片并转换加工成电子档案，还完成了标准化著录，建立了计算机检索数据库，并编有纸质和电子的案卷目录、文件级目录供广大利用者查阅。

浙江省档案馆陈列室中展出的《茅以升与钱塘江桥工程档案》

档案的开发利用

《茅以升与钱塘江桥工程档案》入藏浙江省档案馆三十余年来，档案馆组织有关人员通过申报“中国档案文献遗产”、编辑有关书籍资料和举办陈列展览等，对档案进行了深度的研究和开发，充分发挥了工程档案的社会和经济价值。

2002年3月，《茅以升与钱塘江桥工程档案》因其重要的历史和现实价值，被“中国档案文献遗产工程”国家咨询委员会列入首批《中国档案文献遗产名录》。这对进一步宣传、保护和开发钱塘江桥工程档案，具有重大意义。

档案成为宣传教育的重要素材

浙江省档案馆利用工程档案，通过陈列、展览、播放影片、网上介绍等方式，向社会各界宣传、介绍茅以升的卓越贡献和高尚品德，以及大桥在中国社会政治、经济、军事发展中的重要作用，极大地激发了社会大众的民族自豪感。

2012年，在“钱塘江大桥通车75周年纪念会”上，浙江省档案馆因科学管理大桥工程档案，弘扬大桥文化及茅以升爱国、科学、奋斗、奉献的崇高精神方面的突出贡献受到表彰。

档案屡为修缮出力

钱塘江大桥在解放后经历了数次维修与保养。在历次修缮中，这批珍贵的工程档案发挥了重要作用。因为茅以升早在大桥设计时就已经对大桥的发展作出了规划，直接为引桥重建工程提供了技术支持，解决了施工难题。

1981年，浙江省建筑设计院由于工业生产的需要，必须探明杭州市的地下水情况，而钱塘江大桥附近就是最好的钻探位置。浙江省档案馆得知情况后，及时提供了《桥基地质探验图第七图》，为探明杭州市地下水位情况发挥了重要作用，并节约了大量资金。《光明日报》、《浙江日报》分别于1981年7月15日、7月10日在头版位置上作了报道。

档案见证中丹友谊

2006年5月，丹麦Hans Jorgen Hinrup先生来浙江省档案馆查找丹麦人在钱塘江桥建设中的记录。查档接待人员提供了茅以升《钱塘回忆》中的相关记载："大桥为了赶工程采取'招商承办',一是为了求简图快；二是更重要的是，自己就可不必专为这一桥工而置办一套施工所需的机械设备。经过批准：将正桥的十五座桥墩交由丹麦人康益开设的康益洋行承办，双方构成草约条文并签字。"

档案为丹麦驻沪总领事馆编辑出版《从拥有坚固的过去到充满活力的现在1846—2006——丹麦与中国大上海地区及周边地区的官方关系》一书提供了史实依据，见证了中丹友谊。

附录 部分档案目录

1. 钱塘回忆

2. 钱塘江建桥计划书

3. 钱塘江大桥招标简章及筹备报告

4. 钱塘江桥工程说明及筹备报告

5. 钱塘江桥工程（附图）

6. 钱塘江大桥钻探工程及桥墩围堰报告

7. 钱塘江桥工程费用预算

8. 钱塘江大桥概述

9. 钱塘江及工程等出版物

10. 钱塘江桥英文画报

11. 钱塘江桥工程摄影

12. 《钱塘江大桥工程》纪录片

13. 《科学历程·茅以升》、《科学历程·桥》录像带

14. 《茅以升和钱塘江大桥》VCD

联系我们

浙江省档案馆

地址：浙江省杭州市曙光路45号

邮编：310007

电话：0571－85214661

网址：http://www.zjda.gov.cn/

浙江抗日军民救护遇险盟军档案

浙江省各级综合档案馆馆藏档案精品介绍（第一辑）

编辑委员会

总序

时光流淌，世事更迭，唯有浩繁卷册留存了人类历史发展的足痕印记。档案作为历史的真实记录，是连接过去、今天的桥，也是通向未来的门。档案承载着过往，担负着使命。近年来，作为公共文化机构的档案馆，走向社会的脚步不断加快，践行着资政、维权、育人的神圣职责。

浙江省100家各级综合档案馆作为永久保存档案的基地，经几代人的勤勉耕耘，积数十年之功，收藏了清朝以来2300余万卷（件）纸质档案、近200万张照片和3万余盘音像资料，其中入选中国档案文献遗产名录9项，入选浙江档案文献遗产名录26项。它们内容精彩纷呈，形式丰富多样，既有风云激荡的历史宏卷，也有令人唏嘘的家族记忆，其中蕴含着家国情怀、民族大义和优秀文化。这些既是宝贵的历史文化遗产，更是人类共同的精神财富。

《浙江省各级综合档案馆馆藏档案精品介绍》是一套系列丛书，从2015年起分辑出版，每辑10册，每册介绍1项精品档案。我们从全省各级综合档案馆馆藏中精心挑选，同时，注重材料的真实、考证的严谨和叙述的准确。通过大量的历史资料、图片，以图文并茂的形式，对档案的背景由来、内容价值以及管理利用等方面进行全面地解读和揭示。

“旧时王谢堂前燕，飞入寻常百姓家”。作为“养在深闺人未识”的馆藏档案，只有深度挖掘与开发，才能真正服务大众。《浙江省各级综合档案馆馆藏档案精品介绍》以推介档案文化为宗旨，它不是高大上的“鲍鱼海参”，是为社会大众奉上的一道“精品小菜”。一册一题、通俗生动，利用翔实的史料，引导读者探寻历史发展的细节，倾听历史深处的回声，感悟历史演变的规律。希望这是一道有营养的档案文化“小菜”。

编　者

2015年5月

目录

CONTENTS

引子

1941年12月太平洋战争爆发后，中国人民抗日战争正式与世界反法西斯战争融为一体，中国人民与美、英等国军民携手，共同抗击凶恶的日本侵略者。

浙江地处东南抗战前线，隔东海相望日本本土，以拥有漫长、曲折的海岸线和优良的港口成为西太平洋航线的重要组成部分，其

“里斯本丸”轮船

战略价值不言而喻。在艰苦卓绝的抗日战争期间，浙江军民多次与盟军合作，付出了巨大的民族牺牲，留下了许多感人至深的故事，为反法西斯战争的胜利作出了贡献，其中最突出、影响最大的当数1942年4月营救杜立特尔轰炸机队飞行员和1942年10月舟山渔民救助“里斯本丸”英军战俘事件。

这两起事件的有关档案文献和实物分别珍藏在浙江省档案馆、象山县档案馆、江山市档案馆和遂昌县档案馆。2010年，四家档案馆就《浙江抗日军民救护遇险盟军档案》联合向国家档案局申报第三批“中国档案文献遗产”项目，并顺利通过评审。

该档案文献是浙江抗日军民勇救美国飞行员和英军战俘最直接、最真实的客观记录，体现了中国人民伟大的国际人道主义精神，真实地再现了“二战”期间中、美、英三国人民共同抗日，用鲜血和生命在反法西斯战场上筑就友谊长城的历史。

背景和由来

“杜立特尔行动”

1941年12月7日，日军偷袭珍珠港，美国海军损失惨重，在广阔的太平洋几无防守兵力。半年内，日军横扫东南亚和西太平洋地区，西及缅甸，南至爪哇，东达所罗门群岛及威克岛，逼迫驻菲律宾的美军投降。这是战争中美国最困难的时刻，美军上下一片消沉。为重振士气，美国军方决定对日本本土实施轰炸，在心理上震慑日军，挫敌锋芒。当时，美国海军战机航程不足，故决定改装B-25型陆上轰炸机从航空母舰上起飞，轰炸日本本土，之后轰炸机队飞往中国，降落在浙江衢州机场。这项大胆的、带有冒险主义色彩的壮举以参战的杜立特尔中校的名字命名为“杜立特尔行动”。

1942年4月18日早上，航母战斗群在预定起飞海域之外遭遇日本船只，轰炸机队被迫改变计划，提前从“大黄蜂号”航空母舰起飞，美军舰队立即返航。中午12时30分，机队在日本东京、横滨、名古屋、大阪、神户上空投下炸弹，之后16架飞机中的15架径飞中国大陆。由于提前起飞增加了航程，更改了预定的降落时间，再加上导航、气候、联络不畅等原因，15架飞机全部坠毁在浙江、安徽、江西的海岸、山区，75名飞行员在黑夜中迫降、弃机跳伞。除8人误落日军占领区被俘、3人在迫降中遇难外，64名美国飞行员都由中国百姓救助，成功脱险。

B-25型轰炸机从“大黄蜂号”航空母舰上起飞，远征日本

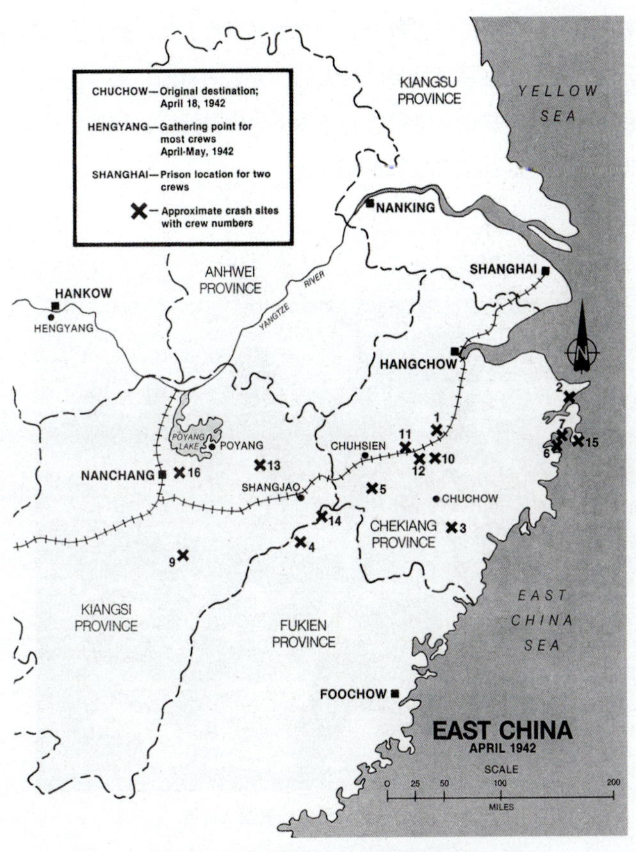
CHUCHOW—Original destination; April 18, 1942
HENGYANG—Gathering point for most crews April-May, 1942
SHANGHAI—Prison location for two crews
Approximate crash sites with crew numbers
KIANGSU PROVINCE
YELLOW SEA
NANKING
ANHWEI PROVINCE
SHANGHAI
HANKOW
HENGYANG
YANGTZE RIVER
HANGCHOW
POYANG LAKE
POYANG
CHUHSIEN
NANCHANG
SHANGJAO
CHUCHOW
CHEKIANG PROVINCE
KIANGSI PROVINCE
FUKIEN PROVINCE
EAST CHINA SEA
FOOCHOW
EAST CHINA
APRIL 1942
SCALE
0 25 50 100 200
MILES

美军15架飞机的编号和大致坠落的地点

由于美机迫降地区是日军与中国军队战线犬牙交错的地带，数架飞机误降在游击区、日占区，营救要冒很大的风险，但中国军民仍给予了这些美军飞行员以最大的、无私的帮助，竭尽所能地提供最好的食宿，并在非常艰苦的条件下为伤员治疗，使他们得以安全抵达后方，重返反法西斯战场前线。

用轿子护送受伤的美国飞行员

杜利特尔机组（一号机）成员与中国朋友们在於潜（今属临安市）天目山的合影

获救的美国飞行员在中国

中国百姓营救的部分飞行员在衢州空军第十三总站的防空洞外合影

大批英国战俘被日军押解上船

营救英军战俘

1942年9月，日军押送载有1800余名英军战俘的“里斯本丸”轮船从香港启航前往日本。10月1日，没有悬挂任何运送战俘标志的船在舟山外海遭到美军潜艇鱼雷攻击，于次日沉没。日军在捞起落水的日方人员后，对被关押在舱内的战俘置之不理，欲制造英军战俘被美军杀害的假象。

舟山青浜岛、庙子湖岛等处的中国渔民发现了这一情况后，全岛居民立即划船奋力展开救助，384名战俘因此幸免溺亡。登岸后，尽管当地渔民的生活非常艰苦，但他们还是想尽办法为这些英

国战俘提供衣物和食宿，给予了无微不至的照料。

第二天，当渔民们开始商量如何将这些盟国战俘安全转移时，日军却派出炮艇围住岛屿，全副武装的日本兵登岛进行挨家挨户的搜捕。为了不连累善良的中国人，英军战俘们自觉地列队从房屋内走出，绝大部分战俘又被押走。

当地的渔民还是冒着生命危险将3名英国军官伊文斯、法勒斯和约翰·斯通藏匿在山洞里。历经万难，1943年初，他们安全抵达重庆，将自己的经历通过报纸公之于众。正是这些闪烁着人性光辉的质朴的舟山渔民，在危急时刻，勇敢地把他们从死亡线上救了回来。

1942年10月10日，获救的英国军官与中国军民合影，前排左起：伊文斯、缪凯运、约翰·斯通、王继能、法勒斯

档案往事

象山、江山、遂昌三地档案馆馆藏的“营救杜立特尔轰炸机队飞行员”档案主要是在这一事件过程中形成的各级地方政府之间的往来公文、电报等文书类档案，形成时间为1942年4月至1945年12月。1949年浙江解放，档案由各地人民政府接管，20世纪50年代中期经各地敌伪政治档案清理工作小组对其进行清理，80年代初由各县档案馆从公安部门接收进馆。

“救助‘里斯本丸’英军战俘”档案1卷现存于浙江省档案馆，形成于抗战胜利后的1948年。当时，英国政府为感谢当年参加救助的中国人，致函民国政府外交部请求清查6年前营救事实的细节。在调查过程中，浙江省政府汇集了由各级政府形成和收集的有关营救事件的往来公文、函电、名册等。1965年浙江省档案馆成立后，接收并整理了民国时期浙江省级旧政权档案，营救英军战俘档案现归属于旧政权“浙江省民政厅”全宗。

“营救杜立特尔轰炸机队飞行员”档案

“营救杜立特尔轰炸机队飞行员”档案分别收藏于象山县、江山市、遂昌县三家档案馆，共计5卷100多页，主要是飞机坠毁后和在营救过程中形成的，各级地方政府之间的往来公文、电报等文书类档案以及实物档案飞机残片1块，尤以象山县档案馆所藏美军飞行员亲书的两纸求救信和江山市档案馆所藏的飞机残片最具特色。江山市档案馆案卷中护送美军飞行员的人力车费收条是对救助细节最直接的注释。三处档案馆馆藏档案对杜立特尔轰炸机队坠毁的15架飞机中的三号机、六号机（按轰炸机自“大黄蜂号”航空母舰上的起飞顺序编号，下同）坠毁事实和营救细节有详尽记载，构成了生动、有力的历史证据。

象山县档案馆馆藏“美机降落在爵溪敌寇屠杀居民情形”档案1卷，记录了营救六号机遇险飞行员经过及失败的相关情形。1942年4月18日下午6时许，六号机迫降在象山爵溪牛门洋面。时任爵溪

000006

I am an American I want to go to Choochow ---------- If the field is far Take me to the nearest Chinese army man?

我是一个美国人。我须要到衢州
或者到中国飞机场。然后我能得
一架飞机到达重庆。假使有人能领我到飞
机场。那个人能得赏格。当我们到
那边的时候。倘使飞机场离此远
的话那末领我们到最近中国兵
队那里去。

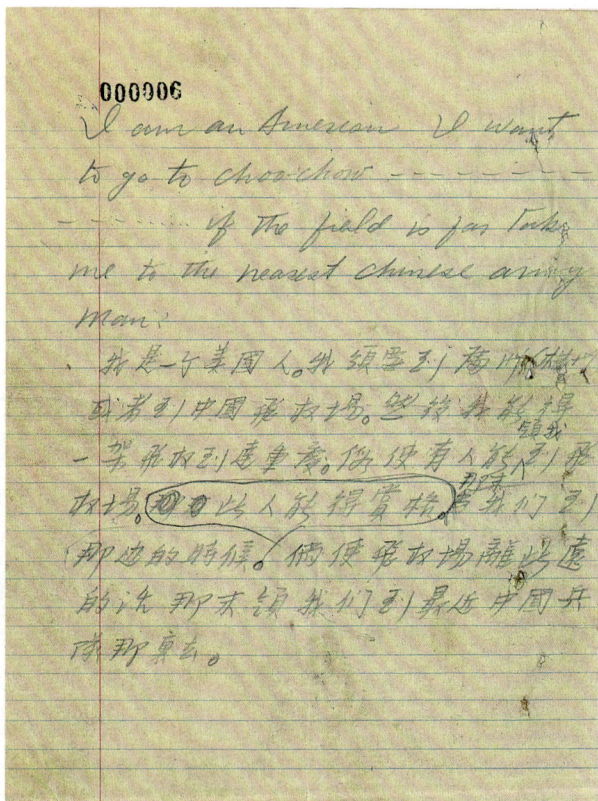

六号机飞行员手书求救信（象山县档案馆藏）

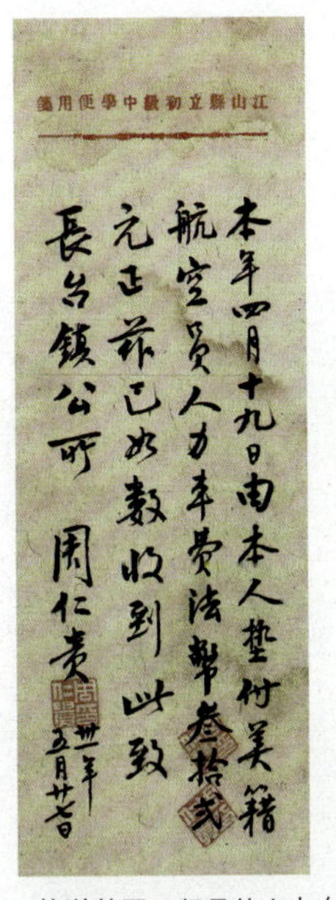

江山縣立初級中學便用箋

本年四月十九日由本人墊付美籍
航空員人力車費法幣叁拾弍
元正兹已如数收到 此致
長台鎮公所
周仁貴
卅一年五月廿一日

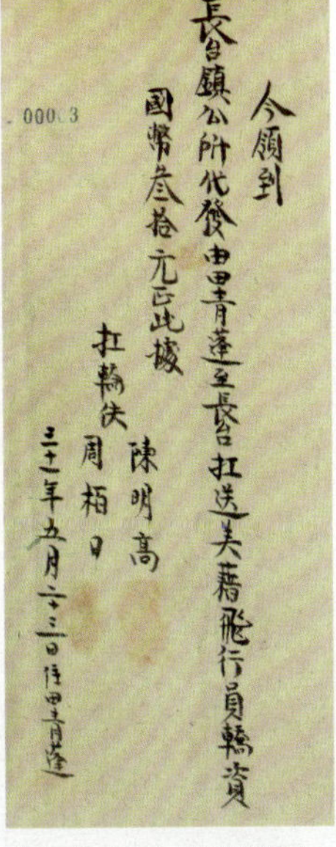

今領到
長台鎮公所代發由田青蓬至長台扛送美藉飛行員轎資
國幣叁拾元正此據
扛轎伕 陳明高
周栢日
三十一年五月二十三日 経田青蓬

护送美国飞行员的人力车费收条（江山市档案馆藏）

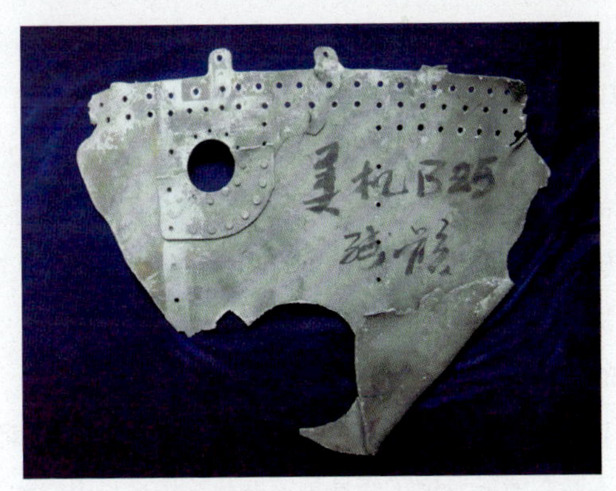

三号机残片（江山市档案馆藏）

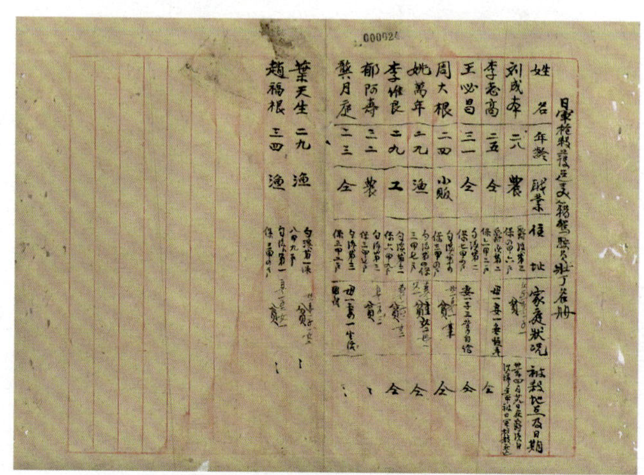

000024

日軍枪杀護送美籍駕駛员壮丁名册

姓名	年龄	职业	住址	家庭状况	被杀地点及日期
刘成本	二八	農	[illegible]	[illegible]	[illegible]
李老高	二五	仝	[illegible]	母一妻一[illegible]	仝
王必昌	三一	仝	[illegible]	妻一子三[illegible]	仝
周大根	二四	小贩	[illegible]	[illegible]	仝
姚萬年	二九	渔	[illegible]	[illegible]	仝
李维良	二九	工	[illegible]	[illegible]	仝
郁阿寿	三二	農	[illegible]	[illegible]	、
龔月庭	二三	仝	[illegible]	母一妻一[illegible]	、
葉天生	二九	渔	[illegible]	[illegible]	、
趙福根	三四	渔	[illegible]	[illegible]	、

被日军枪杀的护送美飞行员壮丁名册（象山县档案馆藏）

乡乡长杨世淼闻讯后外出探视，发现有浑身湿透的三名外籍男子。上前询问，语言不通，后经外籍男子绘具美国国旗并书写两纸英文求救信，方知为盟军美军飞行员，同机共有5人，其中2人下落不明。求救信写道：“我是一个美国人。我须要到处州（株州）或者到中国飞机场。然后我能得一架飞机到达重庆。假使有人能领我到飞机场，那末，当我们到那边的时候，此人能得到赏给。倘使飞机场离此远的话，那末领我们到最近中国兵队那里去。”

杨乡长一面将美军飞行员带回家，一边组织人员到事发洋面四处搜寻，不幸在附近发现了两具美军遗体。杨乡长出资购买两具薄棺安葬了美军遗体，并立碑标识。翌日上午9时，杨乡长密派10名壮丁绕道护送3名美飞行员出境。不料在杨乡长营救美飞行员时，被驻该乡的伪军发现，伪军密报驻茅洋乡日军，致使刚护送至爵溪白沙湾附近即被闻讯而来的四五十名日军团团围住，悉数被捕。日军一面将3名美飞行员押解至茅洋驻地，一面用机枪将10名壮丁悉数射杀，后又窜入爵溪乡大肆烧杀掳掠，无恶不作。杨乡长虽闻讯避匿，但家中财物被洗劫一空。

4月20日，杨乡长向县长苏本善上报营救经过，并一同呈交美军飞行员手书的两纸英文。苏县长在收到杨乡长的呈报后，于4月

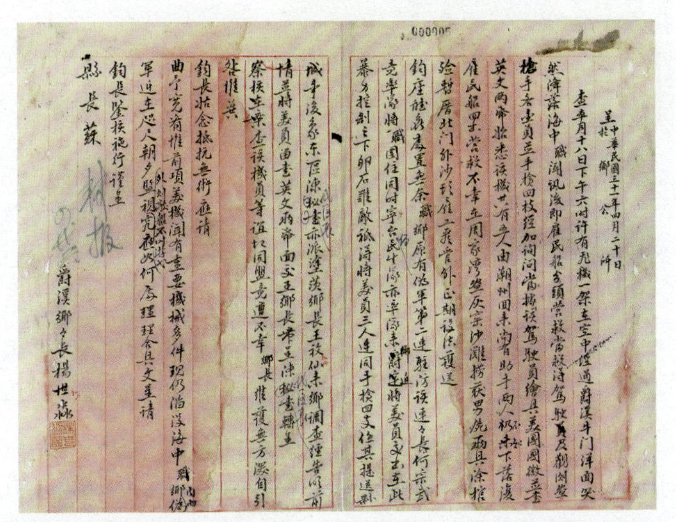
呈中華民國三十一年四月二十日 於鄉公所
查本月十八日下午六時許有飛機一架在空中經過爵溪牛門洋面[illegible]
然降落海中職聞訊後即雇民船[illegible]頭營救當救得駕駛員及觀測[illegible]
槍手各一員並手槍四枝經加詢問當據該駕駛員繪具美國國徽並書
英文兩帋略悉該機共有五人由潮州回來尚有助手兩人[illegible]下落後
雇民船四艘營救不幸在周家灣[illegible]灰窑沙灘撈獲男屍兩具除棺
殮暫厝北門外沙灘[illegible]外正期設法護送
鈞座核示處置無奈職鄉原有偽軍第二連駐防該連連長何宗武
竟率部將職圍住同時[illegible]亦率部來鄉[illegible]將美員[illegible]在此
[illegible]之下卯石難敵祇得將美員三人連同手槍四支任其提送
職事後[illegible]陳秘書亦派遣該鄉長王[illegible]來鄉調查經告以前
情並將美員函書英文兩帋面交王鄉長帶呈陳秘書轉呈
察核在案查該機員等誼以同盟竟遭不幸鄉長維護無方深自引
咎惟冀
鈞長[illegible]抗無術應請
曲予寬宥惟前項美機聞有重要機械多件現仍淪沒海中職鄉[illegible]
軍進出[illegible]人朝夕監視究應如何處理理合具文呈請
鈞長鑒核施行謹呈
縣長蘇
爵溪鄉鄉長楊世淼

爵溪乡乡长杨世淼呈报的美机降落在牛门洋面经过情形由（象山县档案馆藏）

档案介绍

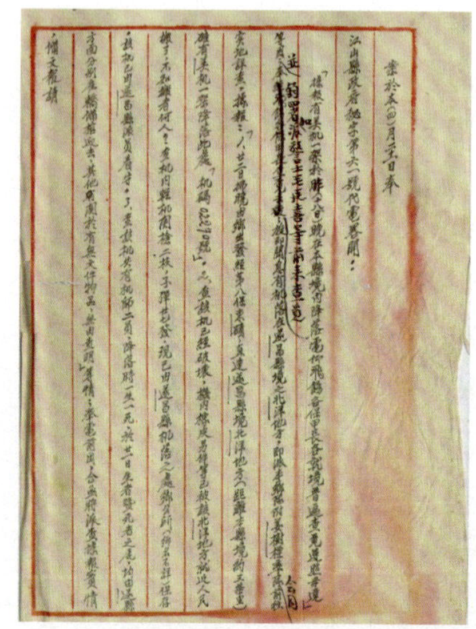

档案显示，坠落在遂昌县的三号机机身号码为“02270”（江山市档案馆藏）

28日向浙江省政府、浙江省全省保安司令部、浙江省第六区行政督察署等上报了飞机迫降及营救经过。

江山市档案馆有关营救杜立特尔轰炸机队档案3卷、飞机残片1块，涉及三号机、五号机、十四号机，以及多名飞行员的相关档案记录。三号机坠落于遂昌县柘岱口乡的北洋村大坞山麓，毗邻江山市双溪口乡东积尾村。三号机的2名飞行员分别降落在东积尾村、张村乡大见坑村（现为龙头店村），另3人降落在遂昌县境内。五号机和十四号机从江山上空飞过时，飞行员开始跳伞，两机均坠落于江西省境内，其中五号机的3名飞行员降落于江山的长台镇贺陈村、清湖镇湖前村（现属贺村镇），其他7人降落在江西玉山、广丰等地。他们均在中国军民的协助下安全到达衢州空军基地。

“杜立特尔行动”让日本侵略军看到了浙赣两省机场及附近军事设施的重要性，成为日军发动浙赣战役的导火索。1942年5月至8月，日军集中9个师团以上的兵力，对浙江、江西两省发动了浙赣战役，其目的就是要摧毁浙赣铁路运输线，破坏沿线的衢州、上饶等地的机场。

中国民众的救护行动激怒了日军，导致了日军的血腥报复。《江山县美机降落地居民被敌残杀暨房屋财产损失表》详细描绘了

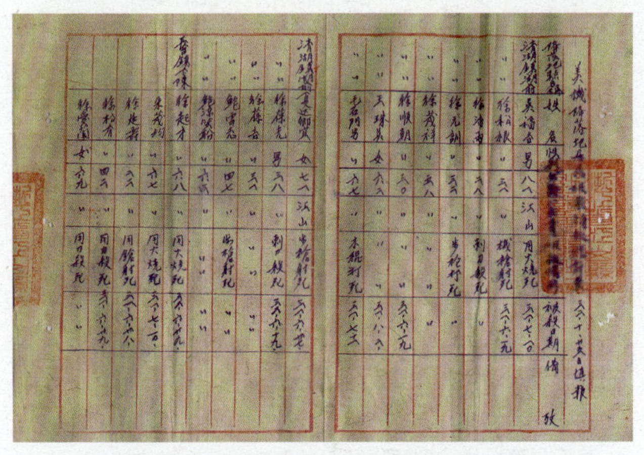

美機降落地居民被敵殘殺統計表 三十一年十二月 日填報

[illegible]	姓名	性別	年齡	籍貫	被殺情形	被殺日期	備攷
清湖鎮湖前	吴福壹	男	八八	江山	用火燒死	三一、六、七	
〃	徐松根	〃	三八	〃	機槍射死	三一、六、九	
〃	徐清南	〃	三八	〃	刺刀殺死	〃	
〃	徐光訓	〃	三一	〃	步槍射死	〃	
〃	徐茂祥	〃	五八	〃	〃	〃	
〃	徐順朝	〃	三〇	〃	〃	三一、六、九	
〃	吴球英	女	六六	〃	〃	三一、八、八	
〃	[illegible]	〃	六七	〃	木棍打死	三一、七、二	
清湖鄉湖前	[illegible]	女	七八	江山	步槍射死	三一、六、廿	
〃	徐樟光	男	三八	〃	刺刀殺死	三一、六、九	
〃	徐樟杏	〃	三八	〃	〃	〃	
〃	[illegible]	〃	四七	〃	步槍射死	〃	
〃	[illegible]	〃	六四	〃	〃	〃	
賀村鎮賀陳	徐起才	〃	六八	〃	用火燒死	三一、六、廿九	
	朱茂均	〃	六七	〃	用火燒死	三一、七、一	
	[illegible]	〃	三八	〃	用槍射死	三一、六、廿八	
	徐松有	〃	四六	〃	用刀殺死	三一、六、廿九	
	徐愛蘭	女	六九	〃	用刀殺死	〃	

美机降落地居民被敌残杀统计表（江山市档案馆藏）

档案介绍

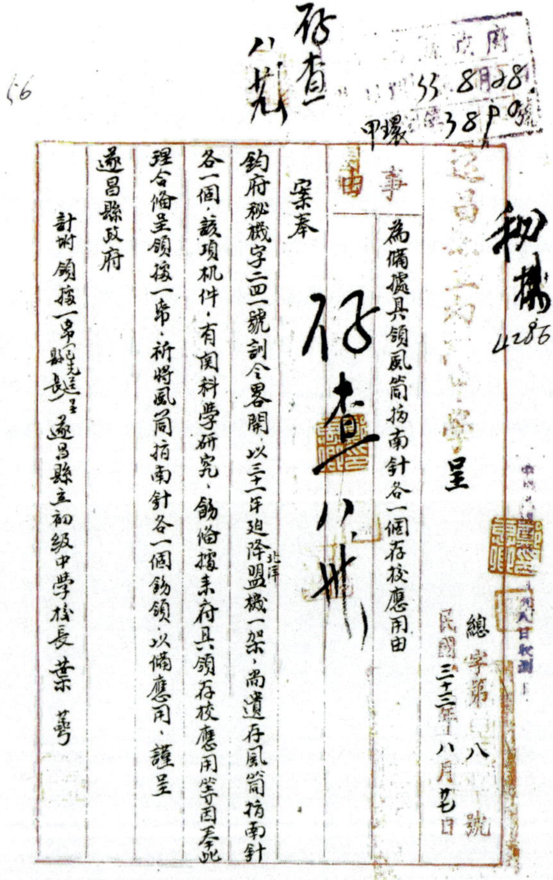

遂昌縣立初級中學 呈

總字第八號

民國三十三年八月廿七日

事由：為備據具領風筒指南針各一個存校應用由

案奉

鈞府秘機字二四一號訓令略開，以三十一年迫降盟機一架，尚遺存風筒指南針各一個，該項机件，有關科學研究，飭備據來府具領存校應用，等因，奉此，理合備呈領據一紙，祈將風筒指南針各一個飭領，以備應用，謹呈

遂昌縣政府

計附領據一紙

遂昌縣立初級中學校長 葉蕚

遂昌县立初级中学请求县政府将美机上的风筒、指南针交由该校保管的档案（遂昌县档案馆藏）

美机降落的具体位置，以及美机降落地居民被日军烧、杀的血腥场面。该县三地共有27人因为参与营救美飞行员行动而被日军报复性杀害，816间房屋被烧毁，被掠夺破坏的财产价值达40余万元。

遂昌县档案馆所藏为民国遂昌县政府警察局档案1卷，内容是柘德乡北洋（村）盟机降落抢救事件详情，包括抢救过程及物品清单。三号机上的2名飞行员为遂昌人民所救，另1名飞行员在降落过程中不幸遇难，村民们用棺木盛殓了他的遗体，护送至衢州。

“杜立特尔行动”中，坠毁的美机残骸由地方政府指令坠落地所在的乡、保政权看护，后将机载武器、飞机核心部件等拆卸后上交。三号机的风筒、指南针于1944年交遂昌县立初级中学作教学用具。1990年美国考察团来浙江、安徽考察历史遗迹时，中国方面赠送了一号机的部分残片。1998年三号机飞行员约翰·伍尔德里奇来江山市双溪口乡东积尾村故地重游时，村民们也赠予了他当年座机的小块残片，以志留念。

20世纪80年代，江山县史志办在东积尾村征集到一块大小为0.5米×0.25米的三号机残片，现收藏在江山市档案馆。

“救助‘里斯本丸’英军战俘”档案

浙江省档案馆馆藏“救助‘里斯本丸’英军战俘档案”1卷近100页，形成于1948年，其中有往来公文和救助人员名册。当年5月，英国驻华使馆致函民国政府外交部，拟派军舰前往舟山东渔人岛（东极乡）赠谢曾救助过英俘的居民。内政部饬令浙江省政府对具体情形进行调查。

经定海县政府查报，因定海县的基层政权已于1939年定海沦陷时瓦解，由抗战胜利后重新建立的东极乡公所对当年的营救情形展开调查，形成了救护情况说明：1942年10月2日上午，东极乡出海渔民发现数百名漂流落难的人员挣扎在汹涌的波涛中，他们立即动员各自所在岛屿的全体居民展开营救，营救工作一直持续到午夜，青浜岛救起216人，庙子湖岛救起106人，西福山岛救起62人，共计384名英军战俘得以生还。获救战俘上岸后一个个饥寒交迫、衣不蔽体，岛民们纷纷拿出棉衣棉被，竭尽所能提供食宿，将战俘们安置在庙宇和自己家里。同时，年长的岛民机敏地意识到日军即将开始搜捕，在他们无力庇护全体战俘的情况下，立即安排3名英国军官躲藏到山洞里，至10月9日，周围海域无日军巡逻艇，才将他们安全送往中国军队控制区。

定海县东极乡公所并呈报了一份参与救助人员的名册。1948年10月，内政部批准对定海县198名居民救助英俘的行为，按《褒扬抗战忠烈条例》第一条第八款以部令进行表彰。

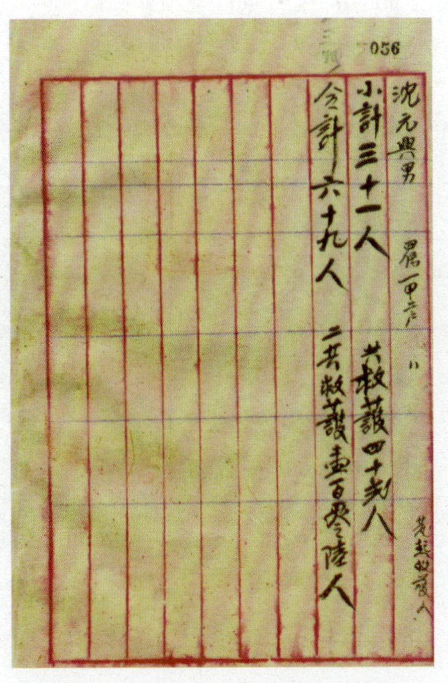
056

沈元興　男

小計三十一人

合計六十九人　二共救護壹百零陸人

档案显示，庙子湖岛参加营救的人员共计69人，救出英军战俘106人（浙江省档案馆藏）

035

定海縣東極鄉青浜山第二三兩保參加救助英國战俘居民登記名冊

姓名	性別	年齡	住址（保甲戶）	參加救助日期	蓋章或指模	備考
胡阿法	男	三五	二保六甲七戶	民國三十一年十月二日		三次救護二十四人
胡阿志	男	四二	二保六甲九戶	〃		〃
李朝岳	男	二六	二保四甲二戶	〃		〃
郭阿法	男		二保五甲六戶	〃		〃 亡故
劉阿德	男	四三	二保三甲四戶	〃		一次救護七人
劉全明	男	一八	二保三甲四戶	〃		〃
郭信發	男		二保五甲七戶	〃		〃 亡故
沈桂興	男	二一	二保二甲六戶	〃		二次救護十三人

参加救助英国战俘居民登记名册（浙江省档案馆藏）

管理及利用

浙江省、象山县、江山市、遂昌县档案馆按照档案安全保管的要求，对相关档案进行保护和管理。目前，《浙江抗日军民救护遇险盟军档案》均已进行数字化扫描，建立了计算机检索数据库。馆内编有纸质和电子目录供利用者查阅。

《浙江抗日军民救护遇险盟军档案》接收进馆后，尤其是在申报"中国档案文献遗产"的过程中，相关档案馆先后组织专家对档案进行了深入、系统地研究和开发，使这批档案在历史研究、宣传教育和传播友谊等方面发挥了重要的作用。

2002年，暨中美《上海公报》发表30周年，国务院新闻办公室在美国主办了"历史的记忆"展览，介绍第二次世界大战期间中美合作的故事。"中国人民营救'杜立特尔轰炸机队飞行员'"作为其中一个主题进行展示。

1992年，5位当年参与救助的老人和曾被他们救助过的飞行员在美国白宫前合影

“营救杜立特尔轰炸机队”展区

档案信息参阅

第 1 期

浙江省档案局
浙江省档案馆 编印 2005 年 3 月 23 日

编者按：今年是中国人民抗日战争和世界反法西斯战争胜利 60 周年。浙江人民为赢得世界反法西斯战争的胜利，与世界人民一道并肩作战，作出过重大历史贡献，其中发生过两起在美、英两国军民中产生重大影响和良好赞誉的突出事件。我们从省档案馆馆藏中摘录有关档案资料，供参阅。

营救杜利特尔轰炸机队

太平洋战争爆发后，1942 年 4 月 18 日，美国空军中校杜利特尔奉命率领 16 架 B—25 型轰炸机从“大黄蜂”

· 1 ·

浙江省档案馆编印的《档案信息参阅》

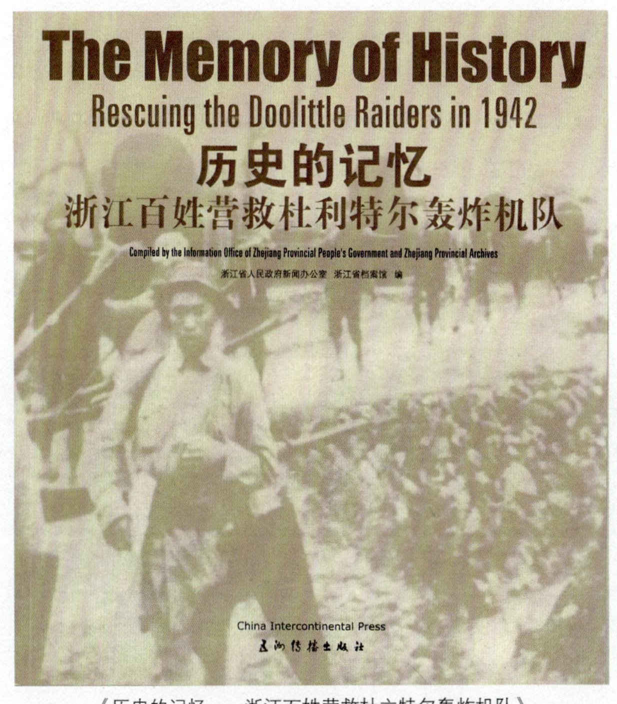

《历史的记忆——浙江百姓营救杜立特尔轰炸机队》

2005年3月23日，在抗战胜利60周年纪念日前夕，浙江省档案馆利用馆藏档案资料编辑了《档案信息参阅》，内容包括“营救杜立特尔轰炸机队”、“营救‘里斯本丸’英军战俘”，受到省委领导的高度关注，时任浙江省委书记的习近平同志还专门作了批示。

2006年，浙江省人民政府新闻办公室与浙江省档案馆合作，编辑出版了《历史的记忆——浙江百姓营救杜立特尔轰炸机队》。

附录 部分档案目录

1. 遂昌地方政府关于美机降落及抢救的紧急报告（1942年4月19日）
2. 遂昌县柘岱乡公所关于有飞机降落一人来柘岱口身穿皮衣带有枪支不识中国文字请示县政府如何处置的紧急报告（1942年4月19日）
3. 遂昌县王村口区署上定办事处关于降落美机一架并营救美籍航空员经过情形请示县政府鉴核报告（1942年4月20日）
4. 象山县爵溪乡分公所为呈报美机降落在牛门洋面经过情形由（附飞行员手书英文原件二纸）（1942年4月20日）
5. 江山县长台镇公所为遵令填送营救友机降落飞行员出力人员事实清册祈附呈送营救友机降落飞行员出力人员事实清册一份（1942年5月26日）
6. 江山县长台镇公所为呈请拨还垫付护送美籍机师川旅费用以资归垫祈核示由(附护送美籍航空员和镇共

垫付之川旅费明细账1份）（1942年5月27日）

7. 象山县政府奉电前年盟机坠落后护送遇难民丁转函抚恤会褒恤转仰知照由（1944年3月3日）美三号机残片（实物）

8. 江山县美机降落地点图

9. 江山县政府江山县美机降落地居民被敌残杀暨房屋财产损失表（1943年10月25日）

10. 第六区专署为电复去年四月美机降落牛门洋面营救经过及日寇屠杀壮丁并窜入爵溪奸淫掳掠情形（附日寇枪杀护送美籍驾驶员名单）（1943年7月4日）

11. 1948年4月12日，Dr.George Yeh要求前往定海之东渔父岛赠谢救助英俘居民的函（英文）（1948年4月12日）

12. 外交部为英舰拟于五月七日前往定海之东渔父岛赠谢居民等各节请迅予查明核复由（1948年4月16日）

13. 关于外交部为英舰拟于五月七日前往定海之东渔父岛赠谢救助英俘居民等一案电复请查照的通知（1948年4月22日）

14. 定海县东极乡乡公所为曾奉令查报三十一年救助英国战俘经过情形附当年参与救护人登记名册（1948年5月10日）

15. 定海县政府为遵令查明东渔人岛居民当年救助英俘情形并造具体名册报请鉴核由（1948年5月24日）

16. 内政部关于奖励定海县东渔人岛居民救助英俘事实一案检送褒扬令的批复（1948年10月11日）

联系我们

浙江省档案馆

地址：浙江省杭州市曙光路45号

邮编：310007

电话：0571-85214661

网址：http://www.zjda.gov.cn/

浙江省象山县档案馆

地址：浙江省象山县丹城后堂街21号

邮编：315700

电话：0574-65723200

网址：http://www.nbxsda.zj.cn/

浙江省江山市档案馆

地址：浙江省江山市中山路118号

邮编：324100

电话：0570-4036608

网址：http://www.jsdasz.com/

浙江省遂昌县档案馆

地址：浙江省遂昌县妙高街道县前街1号

邮编：323300

电话：0578-8122127

网址：http://daj.suichang.gov.cn/

茅盾珍档

编辑委员会

总序

时光流淌，世事更迭，唯有浩繁卷册留存了人类历史发展的足痕印记。档案作为历史的真实记录，是连接过去、今天的桥，也是通向未来的门。档案承载着过往，担负着使命。近年来，作为公共文化机构的档案馆，走向社会的脚步不断加快，践行着资政、维权、育人的神圣职责。

浙江省100家各级综合档案馆作为永久保存档案的基地，经几代人的勤勉耕耘，积数十年之功，收藏了清朝以来2300余万卷（件）纸质档案、近200万张照片和3万余盘音像资料，其中入选中国档案文献遗产名录9项，入选浙江档案文献遗产名录26项。它们内容精彩纷呈，形式丰富多样，既有风云激荡的历史宏卷，也有令人唏嘘的家族记忆，其中蕴含着家国情怀、民族大义和优秀文化。这些既是宝贵的历史文化遗产，更是人类共同的精神财富。

《浙江省各级综合档案馆馆藏档案精品介绍》是一套系列丛书，从2015年起分辑出版，每辑10册，每册介绍1项精品档案。我们从全省各级综合档案馆馆藏中精心挑选，同时，注重材料的真实、考证的严谨和叙述的准确。通过大量的历史资料、图片，以图文并茂的形式，对档案的背景由来、内容价值以及管理利用等方面进行全面地解读和揭示。

“旧时王谢堂前燕，飞入寻常百姓家”。作为“养在深闺人未识”的馆藏档案，只有深度挖掘与开发，才能真正服务大众。《浙江省各级综合档案馆馆藏档案精品介绍》以推介档案文化为宗旨，它不是高大上的“鲍鱼海参”，是为社会大众奉上的一道“精品小菜”。一册一题、通俗生动，利用翔实的史料，引导读者探寻历史发展的细节，倾听历史深处的回声，感悟历史演变的规律。希望这是一道有营养的档案文化“小菜”。

编　者

2015年5月

目录

CONTENTS

引子

距离桐乡市区约半小时车程，有一座美丽的千年古镇，小桥流水、桨声舟影、白墙黛瓦，尽显江南水乡的别样风韵，每年吸引着众多海内外游客。2014年，她更是如达沃斯小镇般受到瞩目，成为世界互联网大会的永久会址。她的名字就叫乌镇。一百多年前，大文豪茅盾便出生在这里。

水乡乌镇

茅盾一生笔耕不辍，耄耋之年仍坚持写作，文字记录了他一生的奋斗历程。桐乡市档案馆收藏着大量茅盾撰写的日记、回忆录、书信、小说、诗词、评论、笔记、译文等手稿原件，以及有关录音、照片和一批研究茅盾、茅盾作品的图书。今天，让我们通过这些茅盾档案，沿着这位文学巨匠的心路历程，去领略他伟大的人格，感悟他丰富的精神世界。

茅 盾

茅盾（1896—1981），原名沈德鸿，字雁冰，出生于浙江桐乡乌镇，中国现代文学的开拓者和新文化运动的先驱者之一。曾出任

1978年，茅盾在北京家中

新中国第一任文化部部长，主编《人民文学》杂志，当选为历届全国人民代表大会代表，历届政协全国委员会常务委员和第四、五届全国委员会副主席。在茅盾逝世追悼会上，对他的评价是“在国内外享有崇高声望的革命作家、文化活动家和社会活动家。他同鲁迅、郭沫若一起，为我国革命文艺和文化运动奠定了基础”。

茅盾一生文学创作颇丰，艺术成就颇高。主要作品有长篇小说《虹》、《子夜》、《第一阶段的故事》、《腐蚀》、《霜叶红似二月花》，中篇小说《路》、《三人行》，短篇小说《春蚕》、《秋收》、《残冬》、《林家铺子》等。其作品歌颂人民、歌颂革命，鞭挞旧中国黑暗势力，表现了中国民主革命的艰苦历程。茅盾的代表作《子夜》，在中国现代现实主义文学发展史上具有里程碑意义。此外，他还撰写了大量的文学评论、散文、杂文、历史故事等，并翻译了几十种外国文学著作。

茅盾为团结广大作家、培养青年作者、促进文学繁荣发展、增进国际文化交流，作出了不懈的努力和突出的贡献。根据茅盾生前遗愿，中国作家协会于1981年设立了“茅盾文学奖”，这是中国长篇小说的最高文学奖项之一，为促进社会主义文学繁荣起到了积极的推进作用。

档案往事

茅盾珍档的“回归”，缘起于2007年春节前一次普通的登门拜访。

2007年春节前夕，桐乡市档案馆为征集家乡名人档案，派专人前往北京拜访茅盾之子韦韬。

初次与韦韬先生见面，是在北京通州他的家中。韦韬满头银发，面色红润，声音宏亮，平易近人。交谈中，他说，身边还有一些父亲茅盾的手稿、日记等资料，而北京、上海的有关单位与他有过联系，现在正准备将这些东西分类后捐赠给他们。听罢韦韬先生的话，我们试着与他沟通，看能否把茅盾的资料放到家乡档案馆保存。韦韬先生想了想后说：“我看这样好，放在档案馆里条件好，放心，不仅能很好地保存，还能让后人更好地利用、研究。去年父亲的骨灰回家乡了，今年父亲的档案又能回家乡，这真是最好的归宿。不过，这次你们不能带走，等整理好了我再通知你们吧。”

3月初，韦韬先生来电话说资料已整理完成，共有六个大箱子。为了能安全地将六大箱的珍贵档案资料运回桐乡，市档案馆领导决定自己开车赴京将档案资料接回桐乡。3月中旬，在杭州市驻京办一楼大堂，桐乡市的有关领导与韦韬先生办理了简单的交接手续。第二天，经过1200公里的长途跋涉，约千件茅盾珍档荣归故里。

捐赠给桐乡档案馆资料共六纸箱。其中手稿（手迹）三箱，书籍二箱，综合资料一箱。

所有资料未列详细目录，请你们回去细列。

六箱的大致内容如下。

三箱手稿，一箱为日记及一些长篇小说和译文手稿

一箱为《我走过的道路》手稿。

一箱为各种短文、笔记、书信、诗词等手稿。

二箱书籍，档案馆所缺的各种茅公著作（版本的），包括所缺的《茅盾全集》，[illegible]等。

一箱综合的，①外文书籍，包括精装《子夜》[illegible]等。

②照片册二本，是馆里所缺的（可能有重复），数目未计。（用相册是为了照片平整的临时措施）

另有一纸袋大照片，像框的照片。

③茅公去世时，报道他去世和在悼念会上的两册签名录

④一些茅公保存的二三十年代的材料，以及有关茅公和内人的剪报、刊物等。

⑤我姐姐沈霞的一包资料，包括她的日记、照片、小说、书信等。以及[illegible]的手稿。

另外，有两盒磁带，共18盘。是茅公1976年口述回忆录的录音，但缺（20年代）的录音。

韦韬

2007年3月1日

2007年3月，韦韬捐赠茅盾档案所列清单

2007年3月，韦韬在杭州市驻京办向时任桐乡市副市长朱红移交茅盾档案

2007年10月，桐乡市政府决定举办茅盾档案捐赠仪式和珍贵档案展。之前，市档案馆从茅盾档案中精选出版了《茅盾珍档手迹·游苏日记》一书，作为活动的特殊礼物赠送给来宾。拿到成书后，大家认为在书籍上盖上茅盾的印章更具纪念意义。因为年初走访时听韦韬先生说起，父亲的所有印章早已分别捐赠给了有关单位，现在他身边还留有一方父亲最喜欢用、直到辞世也不离身旁的印章，这也是父亲留给他最值得纪念的东西了。

随后，市档案馆领导在电话里向韦韬先生请求，能否在来家乡参加捐赠仪式时带着那方印章借用一下，不料韦韬先生很幽默地说："既然你向我提起那方印章，那我就先对你说了吧，这方印章我要捐给家乡档案馆。我想，父亲的档案全部回家乡了，这方印章也应该回家。本来我想来桐乡时给你们一个惊喜的。"

11月8日，韦韬先生在茅盾、丰子恺档案捐赠仪式暨“茅盾、丰子恺珍贵档案展”开幕式上，正式将这方珍贵的印章随同茅盾档案一起捐给了桐乡市档案馆。如今，盖在《茅盾珍档手迹·游苏日记》扉页上那红红的印章，是给读者留下的永久而珍贵的纪念。

2007年11月，桐乡市政府举行茅盾、丰子恺档案捐赠仪式，时任市长朱海平向韦韬颁发捐赠证书

此后，韦韬先生又分别于2010年1月、2011年7月、2012年1月向桐乡市档案馆捐赠了茅盾各个时期的珍贵照片。2008年以来，市档案馆在韦韬先生的大力支持和相关友人的帮助下，通过走访中国现代文学馆、上海市图书馆、上海市档案馆等单位以及郭沫若、老舍、姚雪垠、叶子铭等文化名人的亲属，又征集到茅盾相关小说、书信手稿扫描件3000多页，进一步丰富了馆藏茅盾档案内容。

2010年2月2日，经“中国档案文献遗产工程”国家咨询委员会评选，茅盾档案成功入选第三批《中国档案文献遗产名录》。

目前，桐乡市档案馆馆藏茅盾档案1200多件，包括纸质、录音、光盘、照片、实物等不同载体，时间跨度从1925年至1981年，整整56年。茅盾档案内容丰富，形式多样，较系统完整地反映了茅盾文学创作活动、政治活动和家庭生活等情况，其中大量茅盾手稿原件，是研究茅盾及中国现代文学史、中共党史的重要参考资料。

纸质类

1. 手稿原件

纸质档案中，茅盾手稿原件形成年代为1941年至1981年，包括日记、回忆录、书信、小说、诗词、文艺评论、读书笔记和译文等。茅盾日记文字很多写于旧杂志的背面，茅盾按时间顺序分别手工装订成册。回忆录、书信、小说、诗词、文艺评论、读书笔记和译稿等纸张大小不一，多数为16开，也有32开的，还有许多文字写在废旧的台历纸背面。而过期的外文杂志、陈年的台历纸，经茅盾本人重新“包装”，又密密麻麻写满札记和文章。若非亲眼目睹，谁能想到茅盾的诸多伟大作品竟诞生于此！

1946年12月，茅盾《游苏日记》

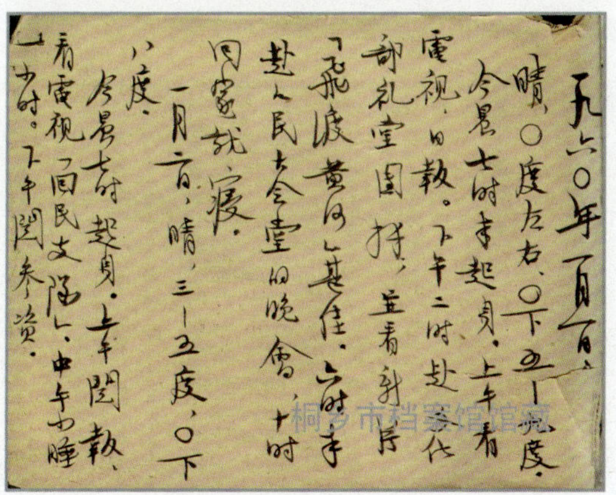
一九六〇年一月一日、晴，〇度左右，〇下五—六度。今晨七时半起身，上午看电视，日報。下午二时赴文化部礼堂團拜，並看新片「飛渡黄河」甚佳。六时半赴人民大会堂的晚會，十时回家就寢。

一月二日，晴，三—五度，〇下八度。今晨七时起身。上午閱報，看电视「回民支隊」。中午小睡一小时。下午閱参资。

茅盾写于1960年1月1日的日记

馆藏茅盾日记形成于1946年至1980年，主要集中在20世纪60年代。日记文字简单中有淳雅之美，记录了茅盾当年工作与生活的诸多细节，大到会客访友、文稿写作，小到饮食起居、休闲娱乐，事无巨细，都成为记录的素材。正因如此，日记真实地反映了茅盾当年的日常生活和精神状态，为大家认识茅盾、走近茅盾、了解茅盾提供了原始资料，是不可多得的珍档之一。

馆藏《我走过的道路》是茅盾晚年写成的回忆录，追述自己的童年、青少年时代以及抗日战争、解放战争时期的政治、社会和文学活动等情况，这些档案资料正是茅盾晚年全身心投入工作的见证之一。

在写于1980年9月17日的《我走过的道路》序中，茅盾写道：“人到了老年，自知来日无多，回忆过去，凡所见所闻所亲身经历，一时都如断烂影片，呈现脑海。此时百感交集，又百无聊赖……”

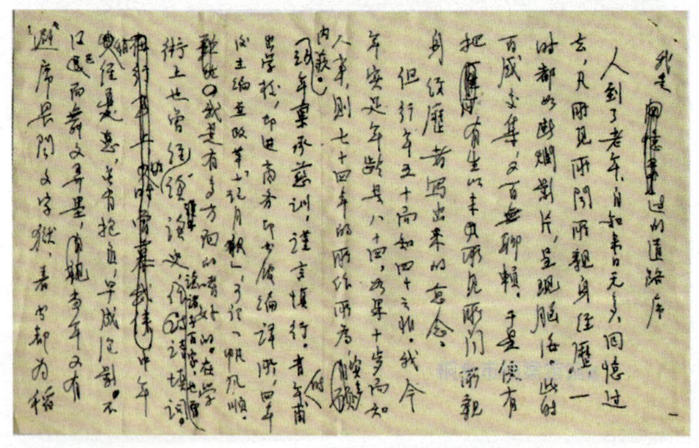
我走过的道路序

人到了老年，自知来日无多，回忆过去，凡所见所闻所亲身经历，一时都如断烂影片，呈现脑海。此时百感交集，又百无聊赖，于是便有把有生以来所见所闻所亲身经历写出来的意念。

茅盾回忆录《我走过的道路》序开头部分

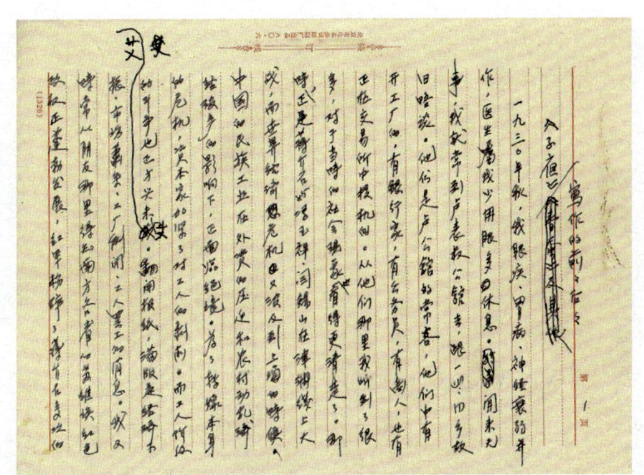

茅盾回忆录《我走过的道路》中关于《子夜》写作的前前后后

1976年3月24日，茅盾开始口述回忆录，利用家里的一台旧录音机录下口述内容，同时由家人做笔录。1977年秋天，茅盾看过部分录音稿后，对口述的回忆录并不满意，他认为只是叙述了经历，缺少文采，没有血肉。于是，茅盾决定在录音的基础上亲自动笔撰写回忆录，并通过各种渠道和方式广泛搜集资料。在整个过程中，他自始至终遵循着“务求真实”的原则。自序写道：“所记事物，务求真实，言语对答，或偶添藻饰，但切不因华失真。凡有书刊可查核者，必求得而心安。凡有友朋可咨询者，亦必虚心求教。他人之回忆可供参考者，亦多方搜求，务求无有遗珠。已发表之稿，或有误记者，承读者来信指出，将据以校正。其有两说不同者，存疑而已。”

馆藏茅盾古诗文注释手稿在展现茅盾扎实的古诗文功底之余，较好地彰显了他的书法艺术水平。该部分档案由茅盾亲自选择、抄录了部分中国古代诗文，并加以注释，装订成几本小册子，用以

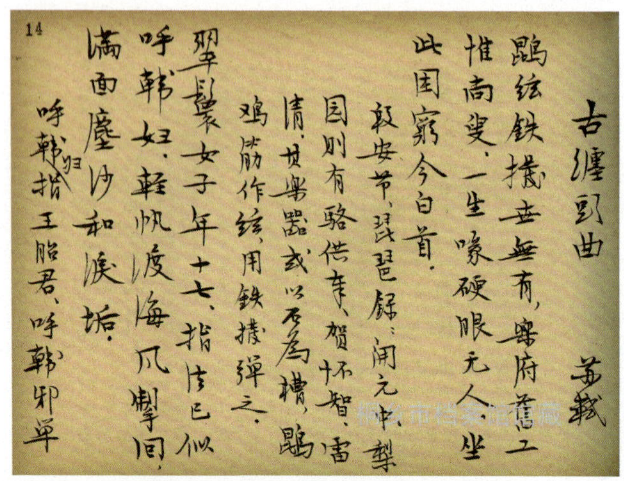
14

古缠头曲　　苏轼

鹍弦铁拨世无有，乐府旧工惟尚叟。一生喙硬眼无人，坐此困穷今白首。

段安节《琵琶录》：开元中，梨园则有骆供奉、贺怀智、雷清。其乐器或以石为槽，鹍鸡筋作弦，用铁拨弹之。

翠鬟女子年十七，指法已似呼韩妇。轻帆渡海风掣回，满面尘沙和泪垢。

呼韩妇指王昭君、呼韩邪单

茅盾古诗文注释手稿——苏轼词《古缠头曲》

帮助孙儿辈学习古诗文，其中以苏轼作品赏析居多。手稿全部由茅盾用小楷写就，字迹端庄工整而不失活泼，注释简洁明了而不乏新意，字里行间饱含着对孙儿辈浓浓的爱意，如今读来，仿佛浮现出晚年茅盾含饴弄孙的温馨场景。

《红楼梦》对中国文坛的影响深远，许多作家都是“红迷”，茅盾也不例外。茅盾曾经以中学生为对象节编过《红楼梦》，并由开明书店出版。文坛流传过这样一段佳话：1926年，在开明书店老板章锡琛的一次宴请中，茅盾曾应同席的郑振铎、夏丏尊及周予同的要求“随点随背”《红楼梦》。由此，茅盾对《红楼梦》的喜爱

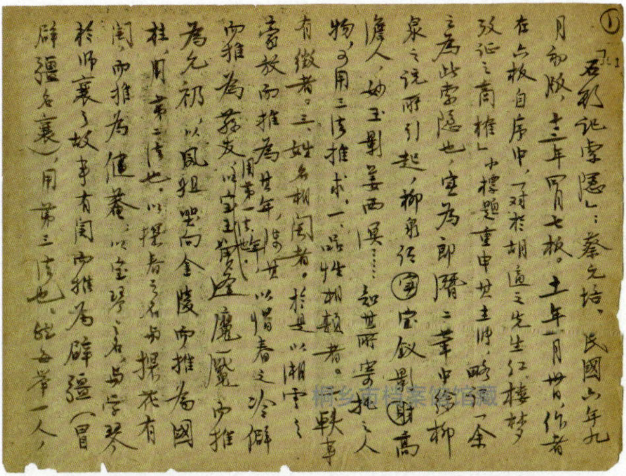

茅盾手抄蔡元培有关《红楼梦》笔记《石头记索隐》

与熟悉程度可见一斑。

茅盾曾是红楼梦学会顾问，对《红楼梦》的研究有独到之处，这从茅盾有关《红楼梦》笔记手稿等一系列档案中可以体现。馆藏这部分档案有茅盾在纪念曹雪芹逝世两百周年（1963）时作的报告《关于曹雪芹》一文及其附注的若干次修改稿共7件，还有茅盾手抄王梦阮、沈瓶庵《红楼梦索隐》，蔡元培《石头记索隐》，钱静方《红楼梦考》，寿鹏飞《红楼梦本事辨正》，景梅九《红楼梦真谛》的笔记共5件，以及其他有关《红楼梦》的笔记共9件。上述几篇有关《红楼梦》的研究笔记，是茅盾撰写《关于曹雪芹》报告时，参阅有关《红楼梦》评注、解释、索隐等书作札记而形成的手迹。据茅盾在日记中自述，“报告不过四五千字，但参阅各项有关文章、材料，则总字数当在百万以上”，从中可以窥见茅盾治学的严谨。

馆藏茅盾信件有200余封，时间主要集中在20世纪30年代至60年代。其中有茅盾与家人、文学界人士、出版社、普通读者等的信件来往。这些书信对于进一步研究茅盾及茅盾作品，有着极为重要的意义。

当年，茅盾夫妇为庆祝儿子韦韬、儿媳小曼新婚之喜，通过这色彩喜庆的信纸送去了长辈衷心的祝福和殷切的期望，对于新人来说，这一纸贺词实在具有非凡的意义。

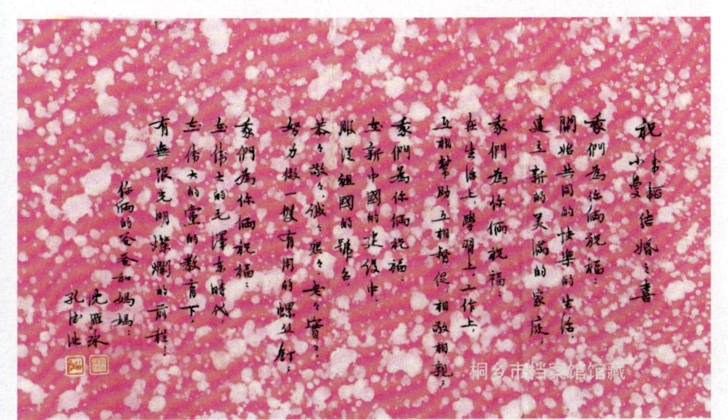
祝
韋韜 小曼 結婚之喜
我們為你倆祝福：
開始共同的快樂的生活，
建立新的美滿的家庭；
我們為你倆祝福：
在生活上，學習上，工作上，
互相幫助，互相督促，相敬相親；
我們為你倆祝福：
在新中國的建設中，
服從祖國的號召，
恭恭敬敬，誠誠懇懇，老老實實，
努力做一隻有用的螺絲釘；
我們為你倆祝福：
在偉大的毛澤東時代，
在偉大的黨的教育下，
有無限光明燦爛的前程！
你倆的爸爸和媽媽：
沈雁冰
孔德沚

茅盾夫妇向韦韬、小曼祝贺新婚的信件

2. 出版物及其他

纸质档案中，还包括茅盾研究参考资料和图书，在不同时期出版的各种作品图书。此外，还有茅盾保存的20世纪30年代的杂志、剪报，茅盾女儿沈霞的日记、作文、信件、照片等。

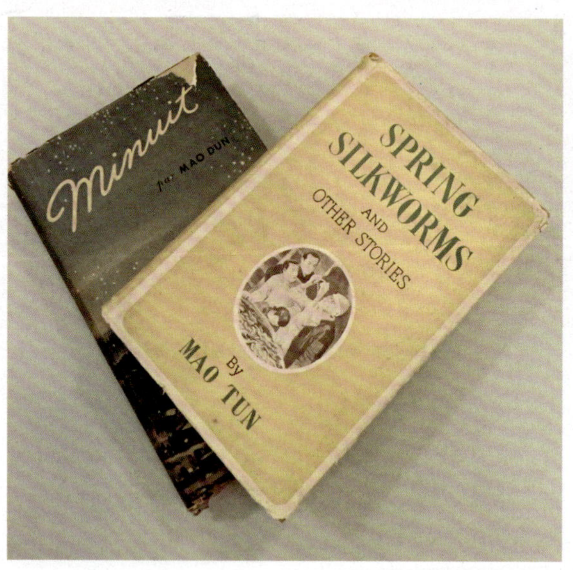

右：英文版《春蚕集》（外文出版社1956年2月第1版）

左：法文版《子夜》（外文出版社1962年6月第1版）

茅盾著作的中文出版物

茅盾著作的外文出版物

人民文学出版社于各个时期出版的《子夜》

3. 党史资料

在整理茅盾档案的过程中，发现茅盾在撰写回忆录时，曾收集过一些有关我党历史的珍贵资料。如毛泽东主席于1944年12月15日在陕甘宁边区参议会上的演讲稿《1945年的任务》（油印）；新华社前身解放社于1940年3月印制的《新民主主义论》（32开46页），据考证，这是该书最早的版本。

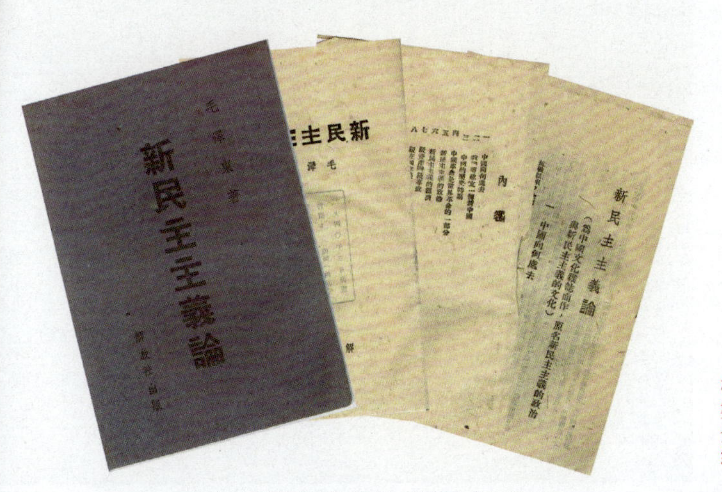

1940年3月由解放社印制的《新民主主义论》

1944年12月15日，毛泽东主席在陕甘宁边区参议会上的演讲稿《1945年的任务》（油

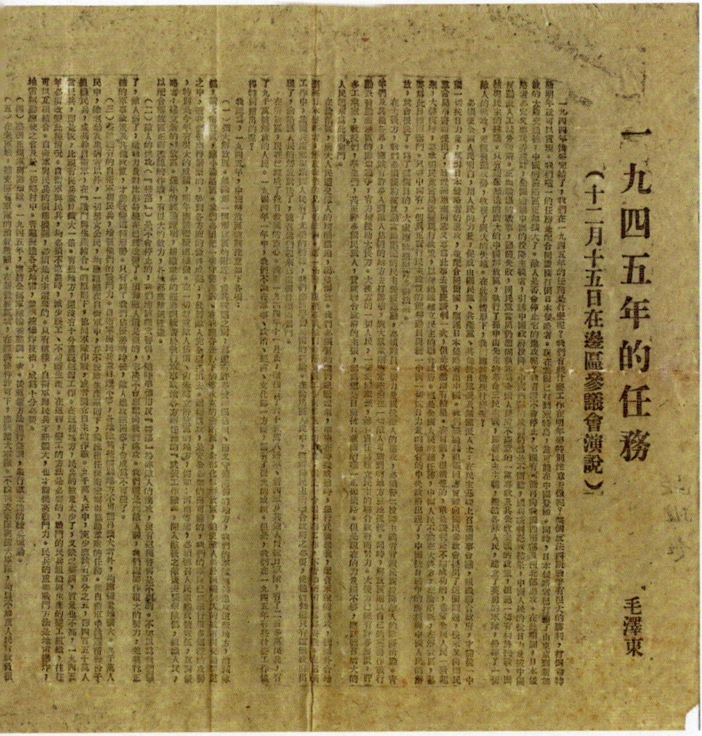

一九四五年的任務

（十二月十五日在邊區參議會演說）

毛澤東

声像类

1. 录音档案

大部分为茅盾1976年口述回忆录录音。内容主要为茅盾本人文学创作、革命工作历程，还涉及新中国成立前他在新疆、延安、重庆、香港、广西、上海等地的经历。

原始录音带

2. 照片档案

主要是有关茅盾工作与生活的照片。其中茅盾本人的相册，就有八大本，是一代文学巨匠一生的缩影。此外，还有相当数量的茅盾家庭于20世纪20、30年代到80年代拍摄的照片。

1960年，茅盾出访波兰

1938年，茅盾夫妇与儿子韦韬、女儿沈霞在香港寓所

3. 光盘档案

主要有市档案馆向社会各界征集的茅盾档案及对现有茅盾档案数字化抢救保护过程中形成的光盘档案，和以茅盾小说为题材改编拍摄的电影光盘。

实物类

前文提到过，茅盾先生有一方最为喜欢、直到辞世也不离身旁的印章。这方印章呈长方体，高6.1厘米，边宽1.6厘米，通体为墨绿色，质地温润，而鲜红的鸡血成带状深沁石质诸面。印章底部为篆书“茅盾”两字，字体古朴，秀气飘逸。为不破坏印章，篆刻之人特将边款刻于章石顶部，共十四字“朴堂作于沪上，一九六二年十二月”。据考，“朴堂”，应为当年任职于上海博物馆的篆刻家吴朴堂。

如今，我们已无法知晓当年由朴堂先生镌刻这方印章的来龙去脉，但从茅盾先生辞世前还一直使用，且始终不离身边来看，足见茅盾先生对它钟爱之深了。

这个粉彩瓷印盒也是2007年底韦韬先生所赠。当日他为桐乡市档案馆题写馆名，盖章后，韦韬先生便把这个精致的印盒赠予了市档案馆。粉彩瓷印盒个头不大，盒盖中画有一黄衣坐僧，神态怡然，画风古朴，印盒瓷胎细腻，釉色光滑，做工很是精细。

印章

印盒

管理及利用

为妥善保存好茅盾珍贵档案，桐乡市档案馆于2007年成立了茅盾档案抢救与保护领导小组，组织人员进行初步整理并检查破损情况。由于这批档案大多年代较早，且很多写于旧画报纸、台历纸背面，已开始出现纸张破裂、装订线断裂、纸张弯曲变形、录音带音质变模糊等情况。对此，市档案馆开展了“茅盾档案抢救保护研究”省级档案科研项目，一方面派专人到中央档案馆和中国第一历史档案馆学习，向档案保护专家们求解技术难题；另一方面组建自己的技术团队，开展技术攻关，形成了独特的“一柜一袋”与数字化技术相结合的保护方法。

为进一步实现对茅盾档案资源的深度开发与利用，桐乡市档案馆以珍贵档案展、出版名人手迹图书等形式，让这些记录名人精神历程、见证历史发展的珍贵资料走向社会。

2007年11月8日，由桐乡市人民政府主办、桐乡市档案局（馆）承办的“茅盾、丰子恺档案捐赠仪式暨茅盾、丰子恺珍贵档案展开

2007年11月8日，桐乡市政府在市档案馆举行“茅盾、丰子恺档案捐赠仪式暨茅盾、丰子恺珍贵档案展开幕式”

幕式”在市档案馆隆重举行。两位捐赠人韦韬先生、丰一吟女士出席了捐赠仪式。期间，他们深有感触：“原来不了解档案是什么，后来与家乡档案馆联系上之后，经过他们的热心宣传，知道了有些原以为不是档案的，其实是很宝贵的档案。后来逐步感觉到把东西捐给家乡档案馆保存是合适的，可以供大家研究，千秋万代流传下去。同时档案馆有恒温、防潮等设备，有专业人员妥善保管，所以觉得应该捐给档案馆。”

市档案馆先后四次出版《茅盾珍档手迹》13卷，为社会利用者、专家学者提供珍贵翔实的第一手材料。

2007年11月出版《茅盾珍档手迹·游苏日记》；

2010年2月出版《茅盾珍档手迹·古诗文注释》；

2011年6月出版《茅盾珍档手迹·子夜》、《茅盾珍档手迹·书信》、《茅盾珍档手迹·日记1961—1964年》；

2012年1月出版《茅盾珍档手迹·走上岗位》、《茅盾珍档手迹·人民是不朽的》、《茅盾珍档手迹·文论》（上、下两册）、《茅盾珍档手迹·诗词红学札记》。

2011年3月，又以手迹本的形式，由桐乡市政协与市档案馆合作出版《茅盾墨迹》，使之具有档案价值、文献价值的同时，还兼有艺术鉴赏价值。

《茅盾珍档手迹》和《茅盾墨迹》

今后，桐乡市档案馆将在培养自身名人档案研究团队的同时，进一步加强与相关高校、学术研究机构的课题研究战略合作，努力建成全国茅盾研究档案资料中心。

附录 部分档案目录

1. 茅盾访苏日记
   （1946年12月5日–1947年4月25日）（手稿）
2. 《茅盾回忆录（一）》《我的家庭与亲人》（手稿）
3. 《茅盾回忆录（二）》《童年》（手稿）
4. 《茅盾回忆录（三）》《我的学生时代》（手稿）
5. 茅盾给楼适夷的信（批语原件）
6. 茅盾给李光耀的信（批语原件）
7. 茅盾关于《子夜》写作意图的文稿（手稿）
8. 茅盾《时间的记录》（手稿）
9. 茅盾《杜甫诗注释》（手稿）
10. 茅盾关于吴敬梓、曹雪芹、托尔斯泰、巴尔扎克评论笔记（手稿）
11. 茅盾关于社会主义现实主义讨论的读书笔记（手稿）
12. 茅盾《人民是不朽的》翻译（手稿）
13. 《子夜》，人民文学出版社1960年第3版，1982年印
14. 《茅盾的创作历程》，人民文学出版社1982年第1版，1982年印
15. 茅盾1980年11月录音（谈自己的笔名）
16. 茅盾“波兰行”照片册
17. 影片《林家铺子》VCD光盘

联系我们

浙江省桐乡市档案馆

地址：浙江省桐乡市梧桐街道庆丰北路49号

邮编：314500

电话：0573-88021030、0573-89385078

网址：http://daj.tx.gov.cn/

平湖“老鼎丰”酱园档案

浙江省各级综合档案馆馆藏档案精品介绍（第一辑）

编辑委员会

总序

时光流淌，世事更迭，唯有浩繁卷册留存了人类历史发展的足痕印记。档案作为历史的真实记录，是连接过去、今天的桥，也是通向未来的门。档案承载着过往，担负着使命。近年来，作为公共文化机构的档案馆，走向社会的脚步不断加快，践行着资政、维权、育人的神圣职责。

浙江省100家各级综合档案馆作为永久保存档案的基地，经几代人的勤勉耕耘，积数十年之功，收藏了清朝以来2300余万卷（件）纸质档案、近200万张照片和3万余盘音像资料，其中入选中国档案文献遗产名录9项，入选浙江档案文献遗产名录26项。它们内容精彩纷呈，形式丰富多样，既有风云激荡的历史宏卷，也有令人唏嘘的家族记忆，其中蕴含着家国情怀、民族大义和优秀文化。这些既是宝贵的历史文化遗产，更是人类共同的精神财富。

《浙江省各级综合档案馆馆藏档案精品介绍》是一套系列丛书，从2015年起分辑出版，每辑10册，每册介绍1项精品档案。我们从全省各级综合档案馆馆藏中精心挑选，同时，注重材料的真实、考证的严谨和叙述的准确。通过大量的历史资料、图片，以图文并茂的形式，对档案的背景由来、内容价值以及管理利用等方面进行全面地解读和揭示。

"旧时王谢堂前燕，飞入寻常百姓家"。作为"养在深闺人未识"的馆藏档案，只有深度挖掘与开发，才能真正服务大众。《浙江省各级综合档案馆馆藏档案精品介绍》以推介档案文化为宗旨，它不是高大上的"鲍鱼海参"，是为社会大众奉上的一道"精品小菜"。一册一题、通俗生动，利用翔实的史料，引导读者探寻历史发展的细节，倾听历史深处的回声，感悟历史演变的规律。希望这是一道有营养的档案文化"小菜"。

编　者

2015年5月

目录

CONTENTS

引子

“春准备，夏造酱，秋翻晒，冬成酱”，每年农历春分就开始进入天然酱油制作的投料生产期，然后利用梅雨季节开足马力，集中人力、物力与财力，烧豆、蒸糕（做面酱）、发酵、曝晒，制作酱油。从原料投入到酱油产出时间长达半年，发酵周期长，加上日晒夜露，产品色泽风味特别好。冬季则是一年中的销售旺季，素有三春靠一冬之说。

旧时榨酱工场一角

这是酱油的传统制作工艺，在新中国成立前和成立初期，浙江省平湖“老鼎丰”酱园一直采用这样的工艺制酱，直到1981年才开始局部使用机械化操作的现代制作工艺。

平湖“老鼎丰”酱园始创于清同治十年（1871），至今已有140多年的历史。在这漫长的发展历程中，酱园几经社会动荡、人事更迭和商潮冲击，依然显示出蓬勃生机。

平湖市档案馆珍藏的“老鼎丰”酱园档案，真实记录了平湖传统企业发展轨迹和状况，全面系统地反映了新中国成立前后私营企业经营理念和财务管理情况，为系统研究晚清到新中国成立初期中国民族工艺及杭、嘉、湖地区社会史提供了丰富史料。

背景和由来

平湖“老鼎丰”酱园

平湖“老鼎丰”酱园，创办时名号“徐鼎丰”酱园，意为“鼎盛丰足”，由徐姓老板经营。由出资人将店名冠以姓氏，这在当时是十分普遍的现象。

“徐鼎和”酱园

清道光年间（1821—1851），海盐县武原镇望族徐氏在当地曲尺弄内开设了“徐鼎和”酱园，生产酱油、酱菜。

徐氏一族在晚清不乏高官之辈，走亦儒亦官、官商结合之路。他们既有权势，又善于经营，用人得当，使酱园经营范围得以迅速扩大。平湖“徐鼎丰”酱园就是在这一时期由徐氏分支在平湖创立的。

平湖地区人口稠密，物产富庶，经济发达，交通便利。“徐鼎丰”设立后，业务蒸蒸日上，反而“青出于蓝而胜于蓝”，超过了海盐徐氏本部的酱园。

当时，在“徐鼎丰”工作的有徐子华、徐笃庆、张庆和等人，他们都精明干练，颇具经商头脑。如徐子华，从小进私塾读书，清光绪九年（1883）在沈荡“恒聚”酱园当学徒，满师后即到平湖“徐鼎丰”任职，工作出色，不久成为经理。

酱园一直秉承良好的园风，当时“徐鼎丰人”有一句口头禅：不可自己砸“金字招牌”；同时做到“店大不欺客”，把顾客当作企业的“衣食父母”，不短斤缺两、以次充好，严格遵守“买卖公平、老少无欺”的经营理念，赢得了广大顾客的信任。在当时平湖众多酱园、油酒店的激烈竞争中，“徐鼎丰”的批发、零售业务始终遥遥领先，独领风骚。

由于经营得当，至清光绪十一年（1885），“徐鼎丰”在平湖

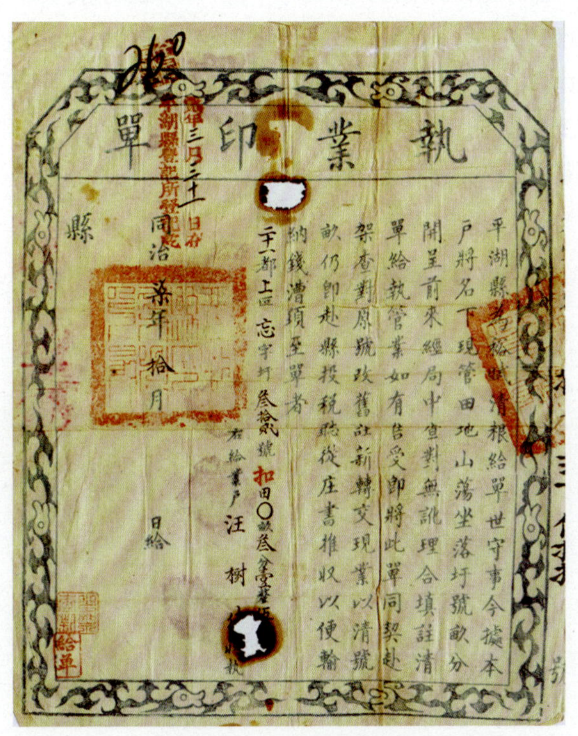

執業印單

平湖縣為[illegible]清根給單世守事今據本
戶將名下現管田地山蕩坐落圩號畝分
開呈前來經局中查對無訛理合填註清
單給執管業如有售受即將此單同契赴
架查對原號改舊註新轉交現業以清號
畝仍即赴縣投稅聽從庄書推收以便輸
納錢漕須至單者

右給業戶

同治　年　月　日給

縣

清同治七年（1868）执业印单

东门外横街设东号，称为“东鼎丰”；十二年在西大街设西号，称为“西鼎丰”；二十年又在西门外设分坊；还在上海永康路46—48号设分店，便利销售，扩大影响。各分号均属“老鼎丰”管理，但经济上只有“东鼎丰”归“老鼎丰”统一核算，“西鼎丰”和上海分号都实行独立核算。

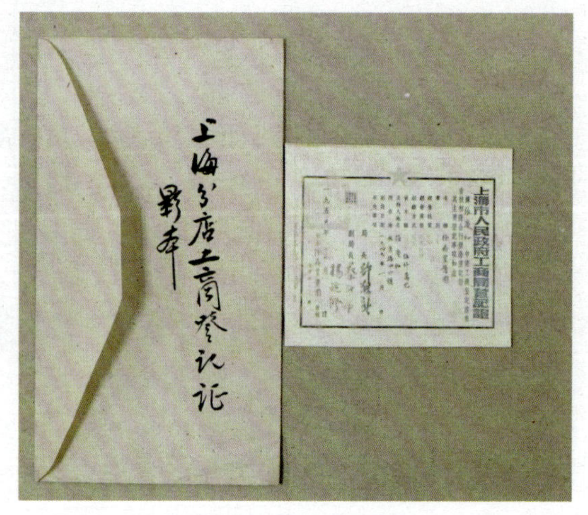

上海分店工商登记证

其后，“徐鼎丰”酱园经过几度父子传承、兄弟析产以及股权转让等，由创办时的独资经营发展为有徐氏后裔大小十余家股东的股份制企业。

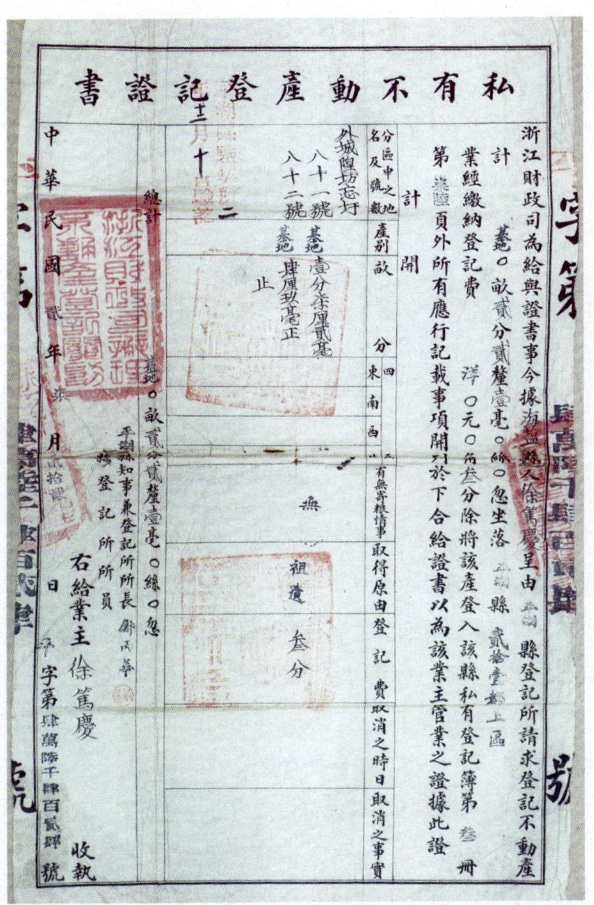

私有不動產登記證書

浙江財政司為給與證書事今據海鹽縣人徐篤慶呈由平湖縣登記所請求登記不動產計墓地○畝貳分貳釐壹毫○絲○忽坐落平湖縣貳拾壹都上區業經繳納登記費洋○元○角叁分除將該產登入該縣私有登記簿第叁冊第叁拾頁外所有應行記載事項開列於下合給證書以為該業主管業之證據此證

計開

分區中之地名及號數	外城隍坊忘圩 八十一號	八十二號
產別	墓地	墓地
畝分	壹分柒釐貳毫	肆釐玖毫正 止
四至 東		
南		
西		
北		
有無寄糧情事	無	
取得原由	祖遺	
登記費	叁分	
取消之時日		
取消之事實		

總計 墓地○畝貳分貳釐壹毫○絲○忽

平湖縣知事兼登記所所長

登記所所員

右給業主徐篤慶收執

中華民國貳年 月 日

字第肆萬陸千肆百貳拾號

1913年，徐笃庆私有不动产登记书

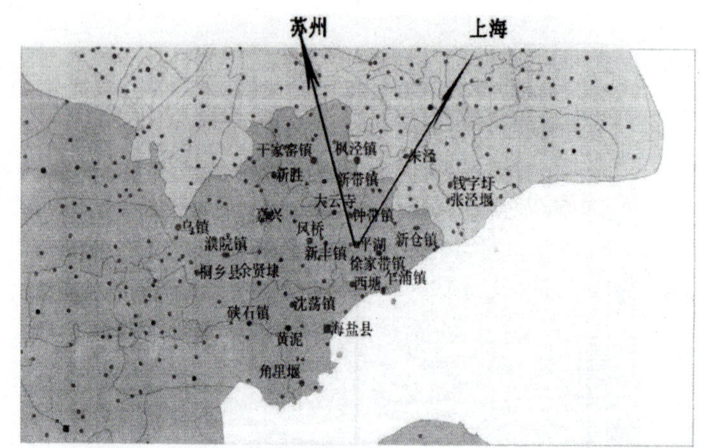

“徐鼎丰”酱园销售分布图

抗战爆发后，平湖社会秩序混乱、经济萎缩，“徐鼎丰”因战祸损失惨重，只剩下20缸酱的存货。作为生产周期较长的酱园业，“徐鼎丰”的经营十分困难，摆在员工面前的只有两条路：要么企业破产拍卖，发放遣散费回家；要么是大家一起艰苦奋斗，共渡难关。员工们最终选择了后者。经过几年的苦心经营，“徐鼎丰”酱园再度振兴，到1945年，重新拥有存酱600余缸。

1946年，“徐鼎丰”酱园劳资双方发生矛盾，于10月21日爆发了“三鼎丰”酱园（“老鼎丰”、“东鼎丰”和“西鼎丰”）的罢工斗争。罢工持续6天，最终以员工失败而告终。资方对工运积极分子进行分批清洗，先后有10多名员工被辞退或调离。“徐鼎丰”

酱园从此失去了往日同心同德搞生产的良好氛围，也逐渐失去鼎盛时期的辉煌。

然而，岁月并没有阻挡住“徐鼎丰”酱园发展的脚步。1953年在私营企业社会主义改造中，“徐鼎丰”酱园正式更名为平湖“老鼎丰”酱园；1958年又与西鼎丰、东鼎丰等共同组成平湖县酿造厂，为公私合营性质；2000年7月3日，平湖县酿造厂改制，成为现在的平湖市“老鼎丰”酿造食品有限公司。

在保留传统酿造工艺的基础上，公司结合现代设备不断改进技术，不断提高质量、开拓市场，焕发出勃勃生机。2011年，经国家商务部批准，平湖市“老鼎丰”酿造食品有限公司成功获得“中华老字号”的称号。

平湖市“老鼎丰”酿造食品有限公司

档案往事

1986年，在平湖县统一开展会计档案清理工作时，财会人员从平湖县酿造厂堆放的簿册里，发现了一批档案。档案中偶尔闪现的“道光”、“光绪”等字眼引起了工作人员的注意，他们当时就认定，这些档案的价值一定非同寻常。

清光绪二十九年（1903）的盘货总账、生财、装修登记

当时，平湖县档案馆马上会同酿造厂专门成立了清档组织，对这批档案开展清理，并组织人员对档案进行分类、立卷，形成案卷196卷，时间跨度从1847年到1949年。清理结束后，这批档案随即移交给了平湖县档案馆。

2000年，平湖县酿造厂改制时，又发现了企业解放初期（1950—1955）形成的账册等资料。档案馆在与企业进行协商同意后，对这批档案资料进行了清理、分类和立卷，又形成95卷档案，

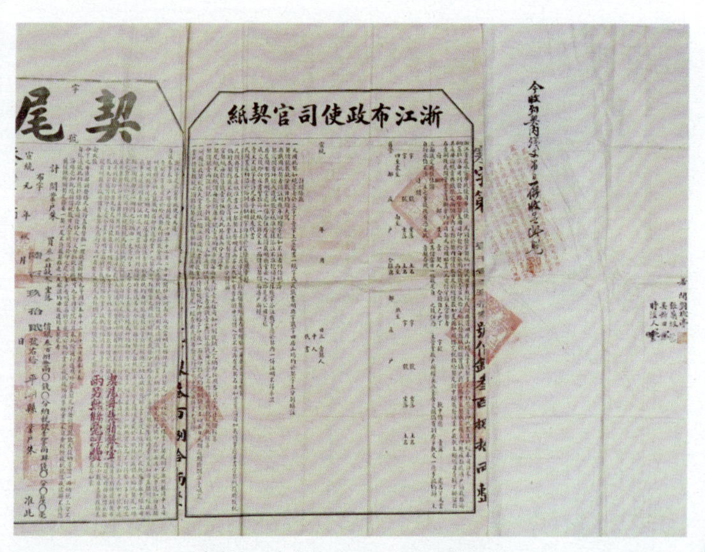
契尾

浙江布政使司官契紙

清道光二十七年（1847）的田地契单

已于2014年接收移交进馆。由此，平湖市档案馆馆藏“老鼎丰”酱园档案增加至291卷，内容包括清道光、光绪、宣统年间至民国时期、新中国成立初期的田地契单、股票息单、获奖凭证、金鼎商标和30余种类目的财务清册等。

由于平湖“老鼎丰”酱园自建立后，一直没有关、停、并、转，再加上企业自身条件良好，设有专门存放账册的库房，因此尽管在新中国成立后经过数次搬迁，档案也仅有少量散失，大部分保存完好，内容十分完整。

档案介绍

档案的概况

平湖市档案馆馆藏“老鼎丰”酱园档案形成于1847—1955年，共291卷，其中，财务档案280卷，人事档案7卷，田地契单2卷，股票息单、不动产登记书1卷以及备查与商标1卷。

历年钱兑、银钱日记等账册

档案都为纸质载体，多数为元书纸，纸张质地较好，文字以毛笔小楷书写，字迹清楚、工整。从整体上看，档案规格不尽一致，但每个类目清册的规格是统一的。

货源、市进等账本

财务档案主要包括清光绪年间，“徐鼎丰”酱园年盘总、各项、钱总、历年分彩、年终盘查等财务账本；民国时期至新中国成立初期，各项备查、置产开销总登簿、财产凭证清册、资产登记簿、房租收入登记簿、生财盘存、钱总、钱洋汇总、稽查钱洋、各货清册、陈酒堆栈税照字号录、酒栈、乳栈、零户暂记、市进册、

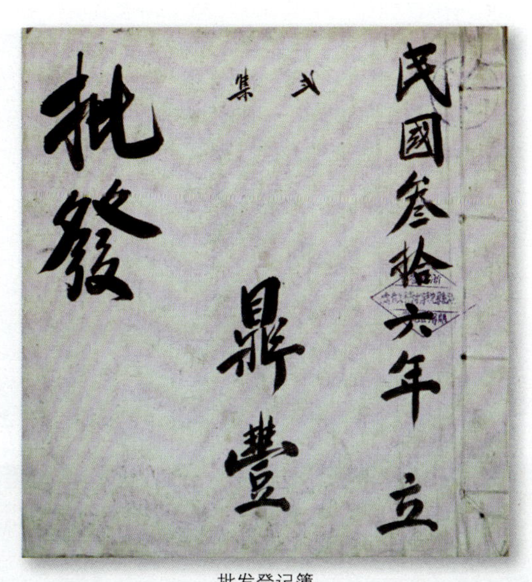

批发登记簿

货源册、各路销货清册、各户誊清、各户销货清册、东路销货客清册、西路销货客清册、批发登记簿、积码簿、分门簿、流水账、银钱日记簿、付账分门、年盘总目、红利账等30余种账本清册。财务档案规格分别有22厘米×23厘米、18厘米×23厘米、9厘米×13厘米、5厘米×8厘米等多种。

考勤簿

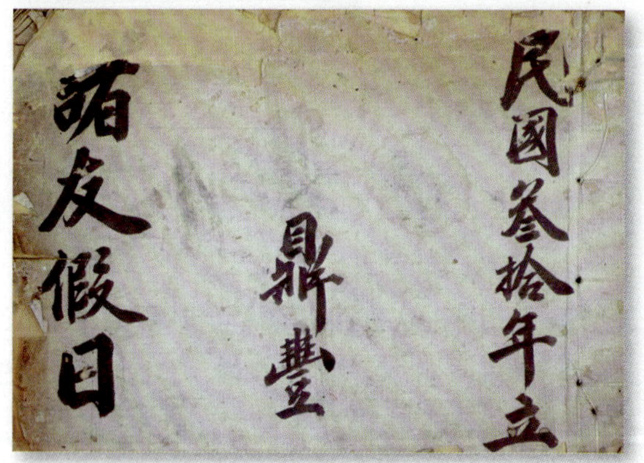

诸友假日登记簿

俸工簿

人事档案主要有“徐鼎丰”酱园的考勤簿、俸工簿、诸友假日登记簿等。人事档案以线装成册。

田地契单主要是清道光、光绪、宣统年间，“徐鼎丰”酱园的田地契单。规格为44厘米×50厘米。

不动产登记书与股票息单主要有1917年徐鼎星购买广东粤汉铁路有限总公司股票息单。不动产登记书规格为23厘米×40厘米，股票息单为33厘米×44厘米。

备查与商标包括“徐鼎丰”酱园的各项备查、1910年获“南洋劝业会”褒奖凭证、1924年“徐鼎丰”酱园“软壳糟蛋”红福商标、“徐鼎丰”酱园“美味酱油”商标等。

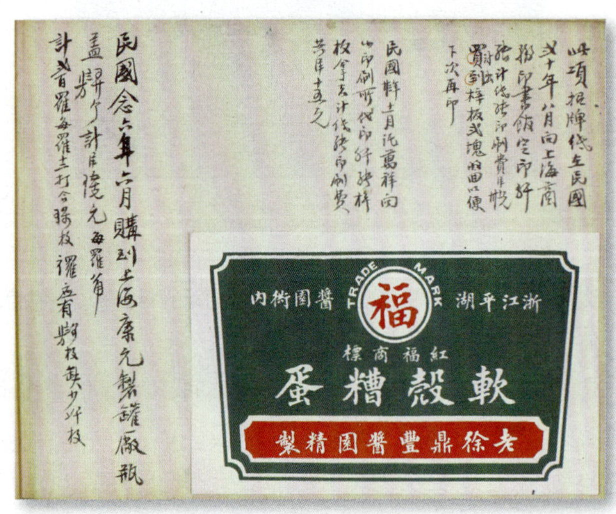

“软壳糟蛋”红福商标

档案的内容

《平湖“老鼎丰”酱园档案》真实记录了“老鼎丰”酱园从创立、鼎盛、没落到再发展的历程，通过一组组档案，我们可以看到，企业经营者的睿智、管理理念的超前以及企业曾经的辉煌。

清光绪十二年（1886）《各项付款》中的“内园装修”证明了平湖“徐鼎丰”酱园的开设时间，据记载：“同治十年

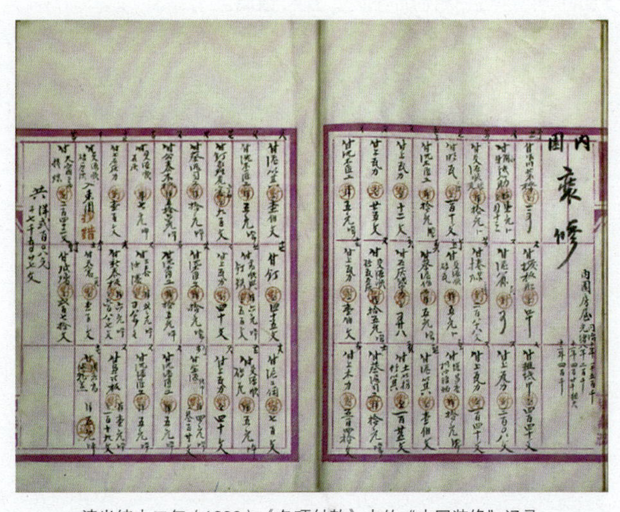

清光绪十二年（1886）《各项付款》中的“内园装修”记录

一千五百千，光绪八年二百千，光绪十一年四百廿千，光绪十二年四百千。”据此分析，同治十年“内园装修”应是“徐鼎丰”酱园开张初期的装修费用，真正的始建时间应该还要略早些。人们现在以同治十年（1871）作为“徐鼎丰”酱园创设的年份。

《平湖“老鼎丰”酱园档案》中有关1910年获南洋劝业会金牌奖章的档案向我们展示了清末民初“徐鼎丰”酱园的发展盛况，当时它所产的酱油在杭、嘉、湖一带负有盛名，曾数度得奖，除获1910年劝业会金奖外，1911年获浙江巡杭增加奖状，1914年获巴拿马“美含味素”匾额，1915年获美国巴拿马赛会农商部二等奖，还曾参加西湖博览会获得优等奖、五彩银盾。

1910年，“徐鼎丰”酱园获南洋劝业会金牌奖章

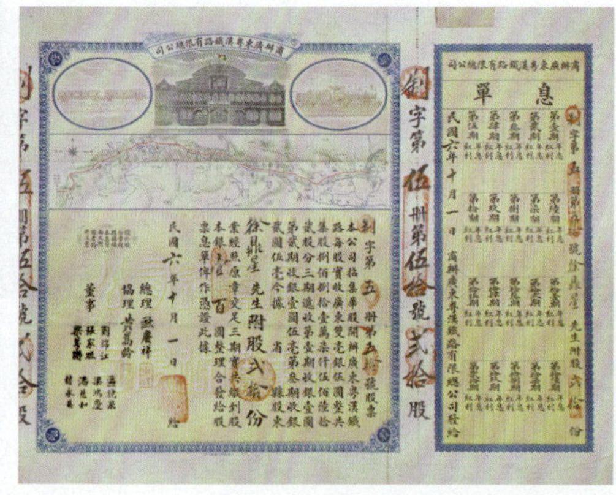

1917年，粤汉铁路股票息单和存放袋

档案中一份1917年的股票息单格外引人注目，它的规格为33厘米×44厘米。这份泛黄的股票息单记录了发生在19世纪末20世纪初的一件大事。1897年，广东等地绅商倡议集股修筑广州至武昌的粤汉铁路，后修路权被美国窃取。随后几年，保路运动风起云涌。粤汉铁路于1898年动工，到1936年才全线通车，全长1096公里。这张发行于近一个世纪前的股票息单，正是那个年代的产物。当时的酱园主人徐鼎星买下广东粤汉铁路有限总公司的股票，足见其已具备了现代企业经营者的投资眼光。

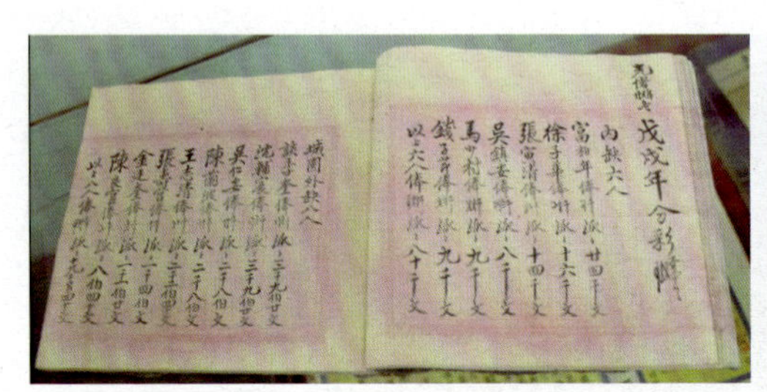

徐子华历年分彩册

对历年分彩、红利等账册进行查考分析，再结合平湖县志，可以发现当时的“徐鼎丰”酱园已经初步具备了现代企业的经营管理理念。

当时，经理徐子华受出资人委托对企业进行管理，为了对出资人负责，徐子华每年要提供两次查账。他的身份就如同今天的职业经理人。

在收入分配方面也有其先进性，徐子华的名字并没有出现于工资账册，而是多次在分红册中和出资人一起出现。据记载，徐子华每年可得5%的干股作为奖励，参与经营和分红。在今天，这种模式应该可称为“股份激励机制”吧。

通过《平湖“老鼎丰”酱园档案》的一组瓶贴，可以看到酱园瓶贴的变化以及商标使用的情况。1914年的瓶贴由上海朱锦堂印刷所印制，此时瓶贴使用的还是南洋劝业会所获金牌奖章的形象。

1914年，“徐鼎丰”酱园的瓶贴

精製
衛生醬油

平湖老徐鼎豐醬園
金鼎 商標

本園開設以來已近百載製造精良比衆考究久承各界歡迎爭相購用遠近馳名本主人感佩之餘益加研究不惜重資添用貴重質料精製衛生醬油氣香味美且能久貯不霉着經南洋勸業會審查出品頒給頭等獎憑金牌獎章並各大賽會均有獎憑足見本園製造精良出品優美也 賜顧諸君請認明金鼎商標庶不致誤

老徐鼎豐醬園謹識

本園開設浙江平湖城內醬園衙內便是

1924年，“徐鼎丰”酱园的瓶贴

1928年，使用红福商标的瓶贴

1924年7月开始使用的由商务印书馆印制的瓶贴，比1914年的精美，文字介绍大同小异，在瓶贴上首次使用了“金鼎”商标，商标图案是一只造型优美、古朴庄重的三足鼎。这说明当时酱园的经营者已经具有强烈的商标意识，懂得商标的重要性，这大概也是平湖历史上使用的第一个商标。

1928年，由上海良晨好友社印制的瓶贴采用了“红福”商标，商标图案是：“福”字外加圆圈，上带皇冠，两边各有一个狮子状动物护卫，皆为红色。瓶贴上还有平湖总店和上海分店的地址及电话号码。

档案的价值

《平湖“老鼎丰”酱园档案》最早形成于清道光年间，档案历史悠久，文献内容完整，全面系统地反映了“老鼎丰”酱园的发展情况。它是反映新中国成立前私营企业财务管理状况的微观档案，对于系统研究晚清到民国时期中国民族工艺及杭、嘉、湖地区社会史具有珍贵的史料价值，在全省乃至全国都极为罕见。2002年，《平湖“老

年盘总账本

鼎丰”酱园档案》入选第一批《浙江省档案文献遗产名录》。

2013年，在国家档案局及浙江省档案局的推荐下，中国第一历史档案馆、浙江大学组织专家评审组，对《平湖“老鼎丰”酱园档案》申报“中国档案文献遗产”进行预评审。

中国第一历史档案馆副馆长、研究馆员胡忠良（左），浙江大学历史系教授、博士生导师杨树标（右）对《平湖“老鼎丰”酱园档案》进行预评审。

管理及利用

《平湖“老鼎丰”酱园档案》接收进馆后，平湖市档案馆立即对档案进行检查，及时对其中有虫蛀的部分进行了微波消毒和修复；按照档案的内容和形式特征进行分类，装入统一标准的档案盒内，并将它作为一个全宗，按照全宗管理的要求统一编目，建立检索工具。

1988年，《平湖“老鼎丰”酱园档案》经过专家鉴定，被列为开放档案，供广大市民查阅。至今已有近百人次因编史修志或工作查考的需要，对《平湖“老鼎丰”酱园档案》进行查阅利用。

2012年，平湖市档案馆珍贵档案陈列室建成，开辟了专柜存放《平湖“老鼎丰”酱园档案》。陈列室常年恒温恒湿，为安全保管档案提供了条件。

平湖市档案馆珍贵档案陈列室

平湖市档案馆还积极联合高校力量，对《平湖“老鼎丰”酱园档案》进行开发。与华东师范大学合作开展档案的深度研究和挖掘，主要包括：对1940—1945年“老鼎丰”酱园酱油、绍酒等销售记录进行梳理，研究分析产品价格变动趋势和销量变动趋势；对酱园1941—1949年的收入、支出及盈余情况进行分析，探讨当时平湖的经济变迁和酱园的管理方式；对“老鼎丰”派彩情况进行研究，

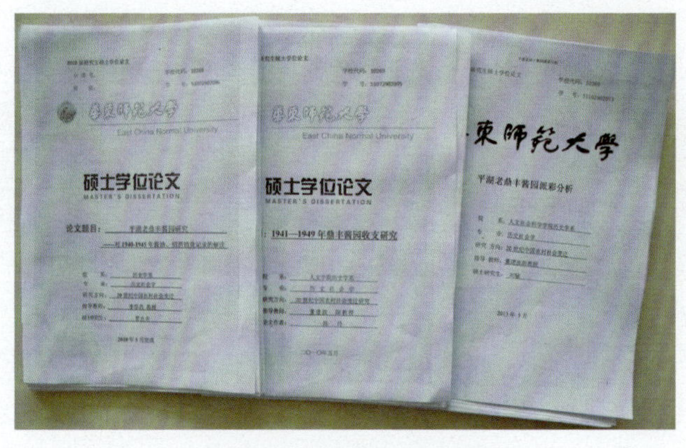

与华东师范大学的合作研究成果

找寻当时“老鼎丰”酱园市场化经营管理理念；对“老鼎丰”酱园自身人力资本、经济资本、社会资本管理进行分析，探究平湖“老鼎丰”酱园的整体经营与发展情形，试图还原近代酱园业的发展趋势与经营方式的历史图景。

附录 部分档案目录

1. 平湖“老鼎丰”酱园关于道光二十七年田契
2. 平湖“老鼎丰”酱园关于光绪二十三年四月至三十四年四月田契
3. 平湖“老鼎丰”酱园钱总
4. 平湖“老鼎丰”酱园各项财务收支
5. 平湖“老鼎丰”酱园年盘总目
6. 平湖“老鼎丰”酱园关于民国六年徐鼎星购买广东粤汉铁路有限总公司股票息单及徐笃庆私有不动产登记证书
7. 平湖“老鼎丰”酱园各项备查及金鼎商标、红福商标
8. 平湖“老鼎丰”酱园东园各货清册
9. 平湖“老鼎丰”酱园民国二十三年付账分门
10. 平湖“老鼎丰”酱园民国二十三年市进册

联系我们

浙江省平湖市档案馆

地址：浙江省平湖市当湖街道胜利路380号

邮编：314200

电话：0573-85061387

网址：http://daj.pinghu.gov.cn/

宋云彬日记

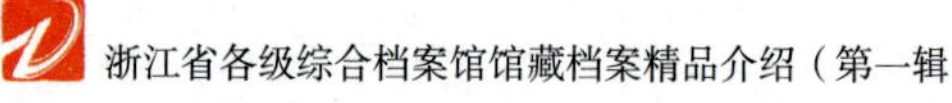
浙江省各级综合档案馆馆藏档案精品介绍（第一辑）

编辑委员会

总序

时光流淌，世事更迭，唯有浩繁卷册留存了人类历史发展的足痕印记。档案作为历史的真实记录，是连接过去、今天的桥，也是通向未来的门。档案承载着过往，担负着使命。近年来，作为公共文化机构的档案馆，走向社会的脚步不断加快，践行着资政、维权、育人的神圣职责。

浙江省100家各级综合档案馆作为永久保存档案的基地，经几代人的勤勉耕耘，积数十年之功，收藏了清朝以来2300余万卷（件）纸质档案、近200万张照片和3万余盘音像资料，其中入选中国档案文献遗产名录9项，入选浙江档案文献遗产名录26项。它们内容精彩纷呈，形式丰富多样，既有风云激荡的历史宏卷，也有令人唏嘘的家族记忆，其中蕴含着家国情怀、民族大义和优秀文化。这些既是宝贵的历史文化遗产，更是人类共同的精神财富。

《浙江省各级综合档案馆馆藏档案精品介绍》是一套系列丛书，从2015年起分辑出版，每辑10册，每册介绍1项精品档案。我们从全省各级综合档案馆馆藏中精心挑选，同时，注重材料的真实、考证的严谨和叙述的准确。通过大量的历史资料、图片，以图文并茂的形式，对档案的背景由来、内容价值以及管理利用等方面进行全面地解读和揭示。

"旧时王谢堂前燕，飞入寻常百姓家"。作为"养在深闺人未识"的馆藏档案，只有深度挖掘与开发，才能真正服务大众。《浙江省各级综合档案馆馆藏档案精品介绍》以推介档案文化为宗旨，它不是高大上的"鲍鱼海参"，是为社会大众奉上的一道"精品小菜"。一册一题、通俗生动，利用翔实的史料，引导读者探寻历史发展的细节，倾听历史深处的回声，感悟历史演变的规律。希望这是一道有营养的档案文化"小菜"。

编 者

2015年5月

目录

CONTENTS

引子

从1938年至1966年，宋云彬先生在近三十个春秋寒暑中，将自己的所见所思，用毛笔工整地记录下来，留下了25本约68万字的日记。

这些文字见证了他近三十年的工作、学习、生活、社会交往和思想情况。通过这些第一手的私人记录，让我们在感受过往岁月的风雨曲折、人世沧桑的同时，也带来深深的思索和感悟。

海宁市硖石镇

背景和由来

宋云彬

宋云彬(1897年8月16日—1979年4月17日)，浙江海宁硖石人，我国著名的文史学者、作家、编辑，坚定的爱国民主人士，靠刻苦自学成才。“五四”运动前后，他积极投身于反帝反封建的新文化运动，长期从事民主爱国活动和出版工作，一直孜孜不倦地研究中国历史和中国文学，在文史领域颇有建树，享有较高的知名度。他曾当选为第一届全国政治协商会议代表，第一届全国人民代表大会代表，政协

宋云彬

第三、四、五届全国委员会委员，民盟中央委员，中国作家协会理事等职；历任华北人民政府教科书编审委员会委员，出版总署编审局一处处长，人民教育出版社副总编辑。

1951年调任浙江省人民政府委员、省政协副主席、省文史馆副馆长、中国民主同盟浙江省副主任委员、省文联主席、省体委主任等职。1957年被错划为右派。1958年调回北京任中华书局古代史编辑室编辑，参与点校“二十四史”，任北京大学古典文献专业兼职教授。1960年10月右派摘帽。1969年被下放到湖北咸宁参加劳动。1970年秋因病回北京。1979年2月，错划右派得到纠正；同年4月逝世，终年82岁。

宋云彬毕生著述宏富，主要有《东汉之宗教》、《王阳明与理学》、《明文学史》、《中国文学史简编》、《中国近百年史》、《玄武门之变》、《玄奘》、《康有为》、《项羽》、《刘邦》，以及杂文集《骨鲠集》、《破戒集》、《宋云彬杂文集》等。

档案往事

海宁贤才荟萃，名人辈出，历代涌现出一大批在国内外有影响力的知名人士，积淀了丰厚的名人文化。1990年，海宁市档案馆建立了名人档案库，并陆续与北京、上海等地的海宁籍知名人士建立了联系。

名人档案库建立后，海宁市档案馆派专人赴京拜访宋云彬的家属，向他们介绍家乡海宁的建设发展情况，以及海宁档案文化建设取得的成果和社会影响。宋云彬的孙子宋京其（北京机械工业自动化研究所教授级高级工程师）认为：“自祖父以后家里再没有搞文

1994年9月22日，《宋云彬日记》捐赠仪式（右三为宋云彬孙宋京其）在海宁举行

学的，全部资料放在我们手里，以后也不会去专门研究。最好的办法就是捐赠给档案部门，尤其是捐赠给家乡档案馆，将来如果能为研究祖父本人、研究历史、研究中国革命的过程提供参考，对于先人对于后人，都是最好的一件事。”宋京其与父亲宋剑行（原国家机械工业部科技司副总工程师）商量后，决定把宋云彬有关档案，包括25本日记手稿全部捐赠给家乡。

1994年观潮节期间，宋京其作为海宁市政府特约嘉宾回乡；9月22日，市档案馆将25本宋云彬日记原稿顺利征集进馆。

档案介绍

档案的形成

《宋云彬日记》，包括《桂林日记》、《昆明日记》、《北游日记》、《北京日记》、《杭州日记》、《甲午日记》、《乙

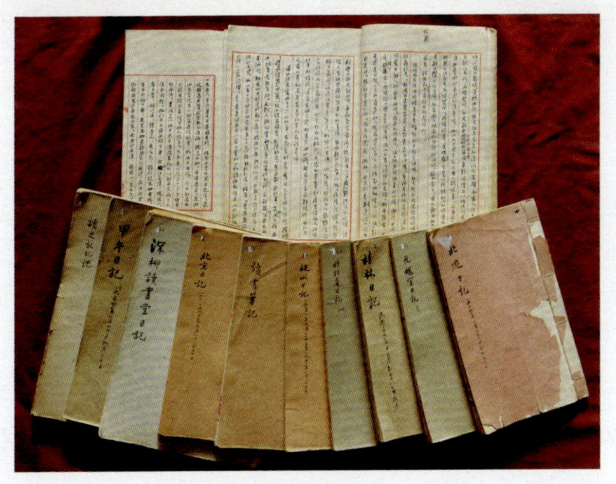

《宋云彬日记》

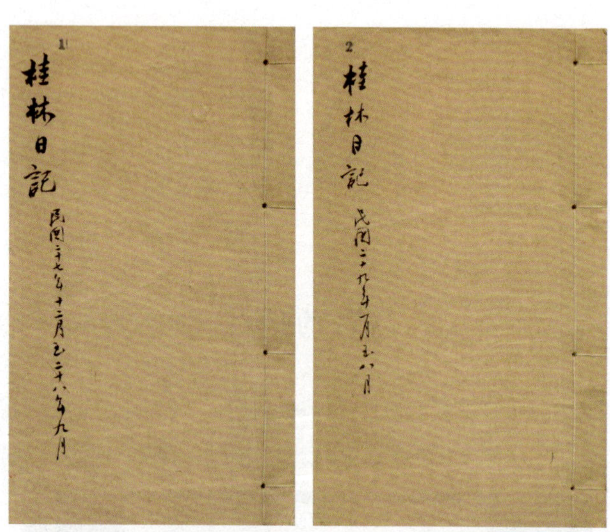

《桂林日记》封面

未日记》、《日记》、《昨非庵日记》、《无愧室日记》和《深柳读书堂日记》等，共25本，约68万字。日记始于1938年，止于1966年，时间跨度约30年，中间偶有间断。日记由宋云彬以古籍线装的方式装订成册并分别题签，纸张为印有直行格子的毛边纸，文字是用小楷书写而成的。

《桂林日记》（1938年12月—1940年8月），是宋云彬在军委会政治部第三厅桂林办事处、西南行营政治部第三科、文化供应社任职时所记。

《昆明日记》（1945年3月—1945年6月），是宋云彬应朋友张今铎之邀，经周恩来同意，“挈妇作昆明之游”，担任英国心理作战部顾问时所写。期间，除办几起例行公事外，主要精力仍放在为几个刊物写稿上。其时与朱自清、闻一多、浦江清、尚钺、李何林、李广田、唐兰、孙起孟、刘思慕、楚图南等往来密切。

《北游日记》（1949年2月—1949年8月）、《北京日记》（1949年9月—1951年6月），是宋云彬在北京期间所记。1949年2月，宋云彬应邀和郑振铎、叶圣陶、曹禺等一起离开香港到北平。原无久留之意，为职务所羁，先后任教科书编审委员会委员、中国作家协会理事、政协第一届全国委员会委员、中央人民政府出版总署编审局第一处处长、人民教育出版社副总编辑等职，“一时恐不得南归”，遂将“北游日记”改称“北平日记”。

《杭州日记》（1951年9月—1953年2月）、《甲午日记》（1954年1月—1954年12月）、《乙未日记》（1955年1月—1955年11月）、《日记》（1956年6月—1957年6月），是宋云彬在杭州任浙江省人民政府委员、省政协副主席、省文联主席、省文史馆副馆长、省体育运动委员会主任、中国民主同盟浙江省副主任委员和省历史学会会长等职期间所记。这一时期的日记分别按所处地域和所处年代题签。

昆明日記

一九四五年三月六日星期二

晨三時半起床（前昨兩宵為候飛機，宿重慶兩路口陳壯飛寓所），整理行裝，五時半至飛機場，阿華同去，雲雲、霽娟亦送去。天雨且冷。

《昆明日记》封面

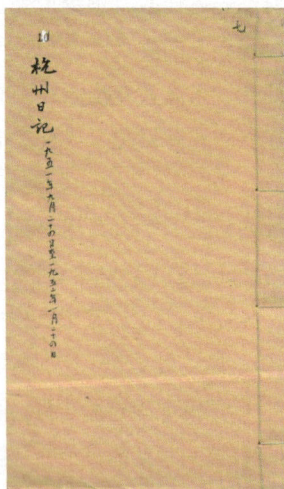

《杭州日记》封面

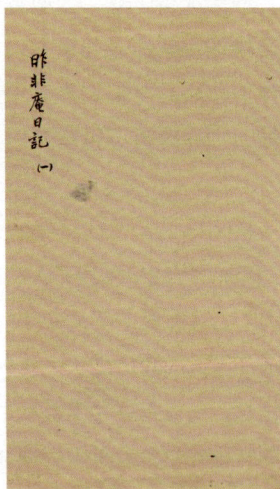

《昨非庵日记》封面

《昨非庵日记》（1958年2月—1960年2月）、《无愧室日记》（1960年2月—1962年12月）、《深柳读书堂日记》（1963年1月—1966年8月），记录了宋云彬1957年被错划为右派，到1960年10月右派摘帽，再到“文革”期间作为摘帽右派的坎坷经历。

纵观《宋云彬日记》，可将其个人经历划分成三个历史时期：第一时期，1938年至1949年，约11年，宋云彬在此期间撰写了大量杂文，是个自由文化人，从事抗日宣传，积极参加在国民党统治区的爱国民主运动；第二时期，1949年至1956年，约7年，新中国成立初期，他受到党的信任，是省级高官兼民主党派省级负责人，用心学习，努力工作，满怀兴奋与向往，对新秩序、新变化表示出衷心的支持和拥护；第三时期，1957年至1966年，约10年，他在反右运动中遭受冤屈，是“右派分子”和“摘帽右派”，这彻底改变了他的身份、地位。宋云彬在他的人生三幕剧中，扮演了不同的角色，喜怒悲欢也各有不同。

档案的价值

日记跟随宋云彬辗转南北，历经坎坷，在生活动荡不安的情况下能保存下来，弥足珍贵。日记所记人事较为随意，事大至为何毛泽东选票会少了一票，小至买几个酒杯价钱几何。《宋云彬日记》的价值在于它的真实性，1957年以前的日记，基本不用曲笔，之后的日记，基本不说假话，也无谄媚之语，保存了大量第一手珍贵的史料，可弥补正史的不足，具有非常高的保存价值和研究价值。

对于研究中国现代学术史的学者来说，《宋云彬日记》也是重要的第一手材料。日记是私人化的文本，能比较真实地反映作者对于同期学者的看法，人们可以从日记中看出他的学术取向。宋云彬对所接触学者的许多评价是有细节的，虽然是个人之见，难免有偏颇之处，但可以帮助后人更全面地认识一个人，而不至于一味盲从。

《宋云彬日记》对于研究中国现代史更是不能不看的参考材料。如新中国成立初期中共的党派关系，特别是民主党派一些主要领导人在当时的心态，在日记中有非常生动的记载。宋云彬是当时居于其间的人，他的观察和评价具有较大的史料价值。

《宋云彬日记》为研究中国20世纪知识分子的心路历程，尤其是在中国社会变迁的大环境中，很多关键时刻知识分子内心的想法和心态，提供了非常重要的第一手资料。如1949年9月日记中他对政协第一次全体会议发言者的品评；又如1954年8月日记中详细记录了浙江省35位人大代表产生的具体经过，未被提名的人的表现等，都从侧面反映出一个知识分子、一个爱国民主人士在这一时代洪流中的心路历程。

档案的内容

1897年8月16日，宋云彬出生于海宁硖石一个小商人家庭，小学时奠定了良好的文史基础。1921年，离开海宁到杭州，先后担任《浙江日报》和《新浙江报》的编辑。1924年，在杭州经宣中华等人介绍，加入中国共产党。1926年，他从杭州到广州，在黄埔军校政治部任编纂股股长，参加《黄埔日刊》的编辑工作。1927年蒋介石发动“四一二”反革命政变，宋云彬受到反动派通缉（189人名单），他离开广州到武汉，任汉口《民国日报》编辑，同时任武汉政府劳工部秘书。“七一五”反革命政变后，毛泽东、周恩来等革命志士受到通缉，宋云彬名列其中（60人名单）。他被迫潜居上海，自此与党失去联系。先在商务印书馆担任馆外编辑，做《资治通鉴》的选注工作，后又为开明书店做《开明活叶文选》的选题和注解工作。1928年，宋云彬在开明书店历时三年多整理校订了训诂学家朱起凤的著作《辞通》，提升了自身在古籍研究方面的修养，并写下了《康有为》、《玄武门之变》、《林则徐》等作品，是当时左翼文坛上的一名斗士。

1938年4月，宋云彬应郭沫若手函邀请，到武汉参加郭沫若主持的军委会政治部第三厅工作。武汉沦陷后，又到桂林，在西南行营政治部第三科工作，并与沈钧儒、胡愈之、李任仁、陈劭先

1946年秋，宋云彬（后排右六）在湖北石灰窑

等人创办了文化供应社，任出版部主任。《宋云彬日记》开始写作于桂林，他在日记第一页写道：“廿七年十二月|八日起写日记。于此立愿，愿无间断。时客桂林。”自此至民国二十九年（1940）八月二日为《桂林日记》。

民国廿七年（1938）十二月十八日《桂林日记》

1944年秋，日军进攻桂林，宋云彬又从桂林到重庆，“应友人张今铎之邀，挈妇作昆明之游”。抗战胜利后，宋云彬从昆明返回重庆，任民主同盟刊物《民主生活》的主编。1947年1月到香港，担任香港文化供应社的总编辑，并参加民主同盟在香港的各种活动。

1949年2月，时任香港文化供应社总编辑的宋云彬和陈叔通、马寅初、叶圣陶、柳亚子等20多人，从香港乘华中轮赴北京，参加新中国第一届政协会议。途中，大家都异常兴奋，认为一个新的社会来了，前途是非常光明的。宋

1949年3月，一批民主人士由香港北上北平（照片中排左起为包达三、柳亚子、陈叔通、马寅初，后排左起为傅彬然、沈体兰、宋云彬、张䌹伯、郑振铎、叶圣陶、王芸生）

云彬在3月1日的日记中写道："圣陶以我等此行为谜面,请打《庄子》篇名一，余射中为《知北游》，意谓知识分子北上也。谓圣陶应有奖品，余请圣陶赋诗一首代之。"第二天一早，叶圣陶即送来七律一首，以《应云彬命赋一律兼呈同舟诸公》为题："南运经时又北游，最欣同气与同舟。翻身民众开新史，立国规模俟共谋。篑土为山宁肯后，涓泉归海复何求。不贤识小原其分，言志奚须故自羞。"3月4日，宋云彬也和诗一首："好向人民勤学习，更将真理细追求，此行合有新收获，顽钝如余只自羞。"自此到1949年8月为《北游日记》。

到北京后，宋云彬任华北人民政府教科书编审委员会委员兼编辑，成立出版总署编审局后任第一处处长，后又任人民教育出版社副总编辑。“原无久留之意，故称所写日记曰：《北游日记》。兹为职务所羁，一时恐不得南归，应改称《北平日记》，庶几名实相副。然吾闻联合政府成立后，将以北平为首都，恢复北京旧称。名曰《北京日记》，以示得风气之先云尔。”

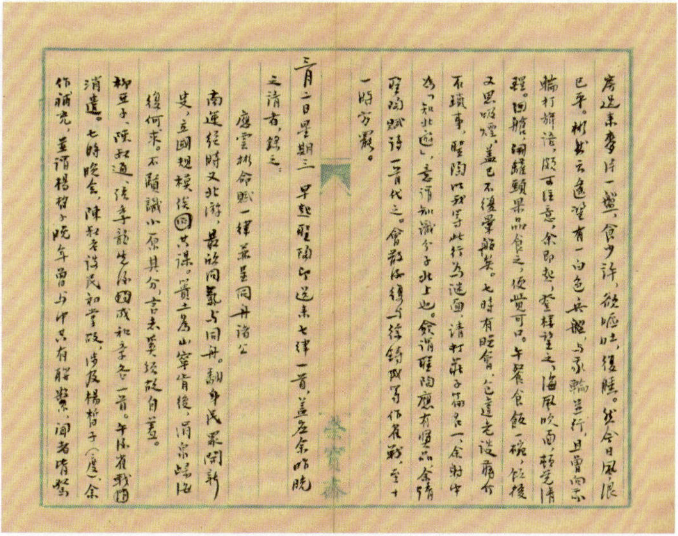

1949年3月2日《北游日记》

1949年9月，宋云彬作为中国人民救国会的代表，出席第一届全国政治协商会议，9月21日的日记中详细记录了会议情况，对发言者还有一番评论："讲演词以宋庆龄的最为生辣，毫无八股气，可惜她不会说国语，用一口道地上海话念出来，就没有劲了。陈毅的最简单，也很得体。黄炎培的油腔滑调，既不庄严，又不松动，令人生厌。程潜之讲词文句不通，意思也平常，应考末一名矣。"

1951年10月，宋云彬调往杭州，任浙江省人民政府委员、省政协副主席、省文联主席、省文史馆副馆长、省体育运动委员会

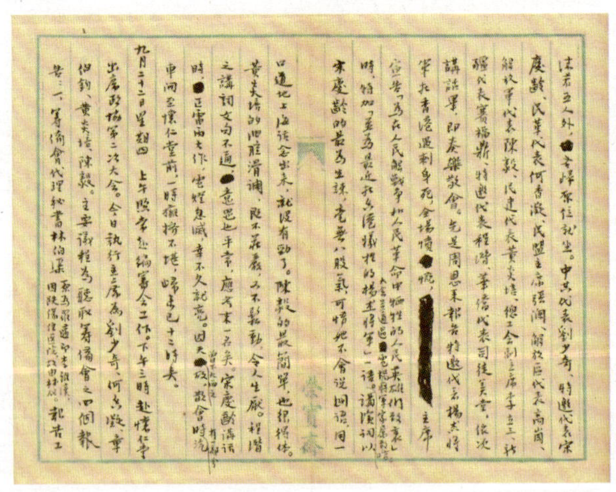
沫若五人外，余均依次就坐。中共代表劉少奇、特邀代表宋
慶齡、民革代表何香凝、民盟主席張瀾、解放區代表高崗、
解放軍代表陳毅、民建代表黃炎培、總工會副主席李立三、新
疆代表賽福鼎、特邀代表程潛、華僑代表司徒美堂，依次
講話畢，即奏樂散會。先是周恩來報告特邀代表楊杰將
軍在香港遇刺身死，全場憤慨，主席
宣告"為在人民解放戰爭和人民革命中犧牲的人民英雄們致哀"
時，特加"並為最近在香港被殺的楊杰將軍"一語。講演詞以
宋慶齡的最為生辣，毫無八股氣，可惜她不會說國語，用一
口道地上海話念出來，就沒有勁了。陳毅的最簡單，也很得體。
黃炎培的油腔滑調，既不莊嚴，又不鬆動，令人生厭。程潛
之講詞文句不通，意思也平常，應考末一名矣。宋慶齡講話
時，正雷雨大作，電燈忽滅，幸不久就亮。因天晚，散會時汽
車loop間至懷仁堂前，一時擁擠不堪，歸寓已十二時矣。
九月二十二日星期四　上午照常赴編審會工作。下午三時赴懷仁堂
出席政協第二次大會。今日執行主席為劉少奇、何香凝、章
伯鈞、黃炎培、陳毅。主要議程為聽取籌備會之四個報
告：一、籌備會代理秘書林伯渠報告工

1949年9月21日《北京日记》

1955年7月26日，第一届全国人民代表大会第二次会议合影（第二排左四为宋云彬）

主任、中国民主同盟浙江省副主任委员、省历史学会会长等职。他为浙江的文化建设日夜操劳，往往一天之内要完成视察、调查、讨论等工作，晚上还要继续写作，就如何发展浙江的文化工作提出一些意见和建议。

1951年至1953年的日记按所处地域题签为《杭州日记》，1954年和1955年的日记按所处的年代分别题签为《甲午日记》和《乙未日记》。可以说，这是他一生中最快乐，也是最繁忙的时期之一。

1957年6月8日，《人民日报》发表题为《这是为什么》的社论。第二天《浙江日报》头条新闻以大字标题“阶级斗争还未熄灭”刊出，宋云彬对此不以为然。他在6月9日的省文联青年作家座谈会上发言，勉励出席座谈会之青年“仍应畅所欲言，不必有所顾虑，并说明反党反社会主义之谬论必须驳斥，但正确的意见、正确的批评必须任其继续鸣放也”。6月11日，《浙江日报》以头条新闻刊载座谈会消息，小标题是“宋云彬不同意《人民日报》《这是为什么》的社论”。6月14日，宋云彬与沙文汉前往北京开会，宋云彬提出，对“言不由衷，转以逢迎为能者，亦大有予以警惕之必要，所谓千士之诺诺不如一士之谔谔也”。6月18日，他在北京的会上，“驳斥章罗等反社会主义谬论，亦自作检讨”。7月12日，正在北京出席第一届人大第四次会议的宋云彬，已经被《浙江日报》点名批评为反党反社会主义的右派分子，除保留浙江省政协委员外，撤销其他一切职务，工资由行政9级降至行政14级。

对这一突如其来的打击，宋云彬难以接受，心情十分沮丧，“驱遣牢愁酒一杯，名山事业敢心灰，十年悔作杭州住，赢得头衔右派来”（1958年3月1日）。

被划为右派分子的宋云彬面临着巨大的精神压力，压力不仅来自铺天盖地的批判，也来自一些朋友对他的态度。1959年5月1日，宋云彬赴天安门观礼时遇到孙起孟、顾均正，“态度阴阳怪气若一向与余不相识者”，使其自尊心大受伤害，他在日记中不解地写道：“相交均在十年以上，今若此，殊不可解也。”在记

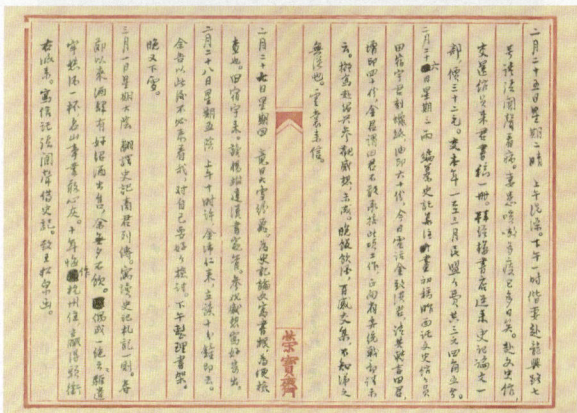

1958年2月15日—3月1日《昨非庵日记》

20世纪50年代初，宋云彬在杭州一个会议上作报告

述了事情经过后，宋云彬仍不甘心，在另起一行处记：“尔忘孙起孟、顾均正之见面若不相识乎？”“唯，不敢忘。”

然而，仍有屈指可数的知友抚慰其心，1958年6月14日的日记写道：“自遭颠簸以来，友朋通信者惟朱宇苍、叶圣陶、王伯祥、傅彬然四人而已，今得昂若信，则增至五人矣。”当听说一位经常为他送书的书店工人因他受到牵连而被开除公职时，他悲

愤地写道："呜呼惨哉，呜呼酷哉。"（1958年9月3日）

被划为右派的宋云彬潜心整理古籍，计划完成一直想要完成的《史记集注》校点工作。但流言蜚语也随之而出，有人说他是在沽名钓誉。恰逢毛泽东主席指示组织校点"前四史"，由中华书局组织人力实施，宋云彬于1958年9月从杭州奉调前往北京，在中华书局古代史组担任编辑，参加《史记》、《汉书》、《后汉书》等的校点工作。

当时"二十四史"的校点工作刚开始不久，《史记》原来是由顾颉刚校点的，他的助手贺次君协助做了不少具体工作。宋云彬接手后，发现原来的校点体例很不一致，他反复考虑后，向中华书局总编辑金灿然提出建议，由中华书局出面邀请顾颉刚、聂崇岐、贺次君和叶圣陶、王伯祥等几位专家，商量校点体例和底本等问题，最后商定以金陵书局本为底本重新加工，并由聂崇岐协助审阅。

当时宋云彬已年逾花甲，星期日也要工作，以致每天必写的日记也中断了。他在1959年4月17日日记中写道："日记中断了两个多月，其原因为标点《史记》工作紧张，每夜工作到十点钟左右，精疲力竭，无兴趣写日记了。"他按照新商定的校点体例和底本抓紧工作，12月下旬完成第一批稿件，以后陆续发稿，陆续校对。全书130卷，在1959年9月出版，向国庆十周年大庆献礼。宋云彬被誉为"点校二十四史责任编辑第一人"，但1959年标点

1970年，宋云彬在文化部湖北咸宁“五七干校”下放劳动，时年73岁

本《史记》出版时并未提及他的名字，他的“右派”身份使他的辛勤付出和成绩得不到应有的认可和尊重。

1960年10月29日，中华书局召开审定会，宣布摘去宋云彬右派帽子。听到这一消息后，他“心情激动，热泪欲夺眶而出，哽咽几不能成声”。和许许多多知识分子一样，宋云彬的工作和生活没有安定几年，十年浩劫开始了，由于中华书局古籍整理出版业务停顿，他的工作也停下来了。

1966年“文革”开始，宋云彬这样的摘帽右派自然首当其冲。5月5日日记：“上、下午正常工作，整理《梁书》一、二两卷校勘记毕，此后就是忙于批判坏影片、坏戏，批判邓拓、吴晗了。”1966年6月，宋云彬受到冲击，8月家被抄，书籍被封，日记被抄走。日记终止于1966年8月15日，直到1979年4月逝世他再没有写过日记。1969年底宋云彬下放到湖北咸宁的“五七”干校，1970年秋因病回北京。

从1957年被戴上“右派分子”帽子到1979年“错划”改正，宋云彬有22年是在“右派”与“摘帽右派”两顶沉重的帽子下做人与生活的。他把1958年2月至1960年2月的日记题签为《昨非庵日记》以示忏悔，其情绪的表达也非常克制压抑，如1958年2月26日记：

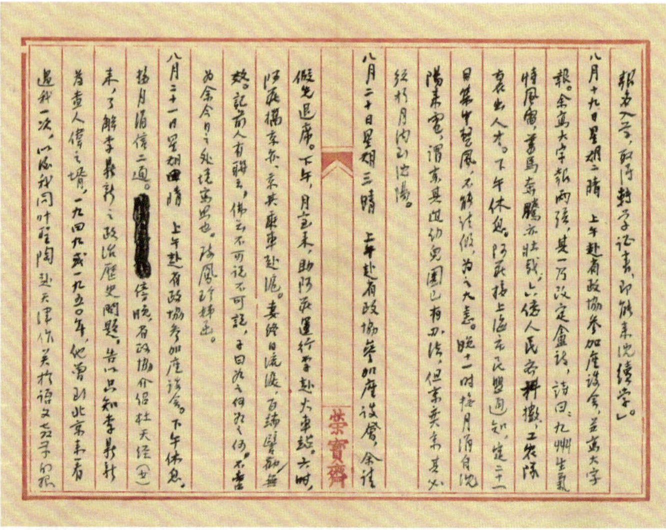
报告入吾，所得对子说书，印就寄沈续字山。
八月十九日星期二 晴 上午赴省政协参加座谈会，并写大字
报。余写大字报两张，其一乃改定旧联，词曰：九州生气
恃风雷，万马奔腾亦壮哉，只缘人民齐抖擞，工农队
里出人才。下午休息。阿庄接上海市民盟通知，定二十一
日集中整风，不能请假，为之大虑。晚十一时接月涌自沈
阳来电，谓京其进幼儿园已有办法，但京爽甚少
纪于月内必返沈阳。
八月二十日星期三 晴 上午赴省政协参加座谈会，余请
假先退席。下午，月亘来，助阿庄运行李赴火车站。六时，
阿庄携京京、京其乘车赴沪。妻终日流泪，百端譬劝无
效。记前人有联云，佛云不可说不可说，子曰如之何如之何，不啻
为余今日之处境写照也。阿凤玲姊函。
八月二十一日星期四 晴 上午赴省政协参加座谈会。下午休息。
接月涌信二通。[illegible] 傍晚，省政协介绍杜天纵（女）
来，了解李景彬之政治历史问题，告以只知李景彬
为贵人仆之婿，一九四九或一九五〇年，他曾到北京来看
过我一次，以后我同叶圣陶赴天津作关于语文教学的报

1958年8月20日《昨非庵日记》

“晚饭饮酒，百感交集，不知涕之无从也”；1958年8月20日记：“妻终日流泪，百端譬劝无效。记前人有联云：佛云不可说不可说，子曰如之何如之何。不啻为余今日之处境写照也。”

此后，宋云彬将1960年2月至1962年12月的日记题签为《无愧室日记》，并写明更名原因：“及今思之，昨未必尽非，今亦未必全是也。自问平生同情革命，坚持正义，徒以嫉恶太甚，横遭物议，下流所归，不寒而慄。今而后括囊无咎，失得勿恤，纵不

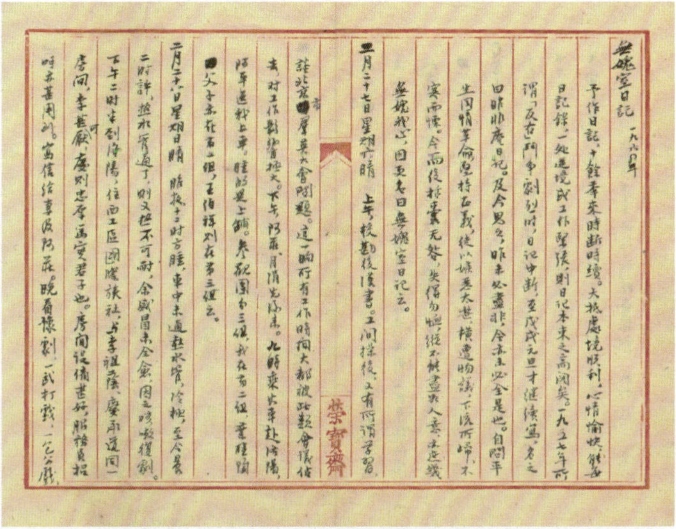
無愧室日記 一九六〇年

予作日記，十餘年來時斷時續。大抵處境順利，心情愉快，能安日記錄，一遇逆境或工作緊張，則日記束之高閣矣。一九五七年所謂「反右」鬥爭劇烈時，日記中斷，至戊戌元旦才繼續寫，名之曰昨非庵日記。及今思之，昨未必盡非，今亦未必全是也。自問平生因猜革命忠於主義，徒以娛悉太甚，橫遭物議，不慎所歸，不寒而慄。今而後於事無咎，只俯仰無愧，縱不能盡如人意，亦庶幾無愧我心，因更名曰無愧室日記云。

二月二十七日星期六晴 上午校勘後漢書。工間操後，又有所謂學習討論北京□學英大會問題。這一時期所有工作時間大都被此類會議佔去，對工作影響極大。下午，陪兩，月清先係未。九時乘火車赴沈陽，陪車送我上車。睡的是上鋪。參觀團分三組，我在第二組，董□□父子亦在第二組，王伯祥則在第三組云。

二月二十八日星期日晴 昨夜十二時方睡，車中未通暖水管，冷極，至今晨二時許，暖水管通了，則又熱不可耐，余感冒未全愈，因之咳嗽復劇。下午二時半到瀋陽，住西工區國際旅社，與李祖蔭、麥朝樞同一房間，李甚厭，麥則忠厚篤實君子也。房間設備甚好，服務員招呼亦甚周到。寫信給李波，阿葆。晚看樣劇，一武打戲，一花公戲，

1960年2月27日《无愧室日记》

能尽如人意，亦庶几无愧我心，因更名曰‘无愧室日记’云。”

从《昨非庵日记》经《无愧室日记》到《深柳读书堂日记》，一改以往用写日记时的地域或所处的年代来题签的做法，也多少显现了宋云彬的心路历程。

1979年4月，宋云彬逝世。弥留之际，他不断地说：“我胸口有三扇门紧闭着，再也打不开了。”没有人知道他说的“三扇门”是指什么，这也成了宋云彬留下的一个谜。

京奕回来过夜。晚上有雨。

八月十四日　星期日　晴　京颐早就来信，说等到休日，就要回来了。今天上家中起床

研究所的双休日，但昨晚京颐没有回来，可能这次双休日，阿龙他们又不会回来了。

京奕也很想见到爷爷，我劝她不妨今天到家中去走一趟，她也同意，下午一时半

就到车站去了。二时许，月娟带了京颐来了，说阿龙也来了，在北大

看大字报。这样，家中没有一个人，京奕去怎么办呢？还有，从家乡电车

站到家里，还得坐一段公共汽车，而今天那里还有没有公共汽车，还不知

道。这样，京奕到了家里，不是很难过吗？月娟打电话给北京车站，请他们

广播，叫京奕回来。等到四点钟，京奕没有回来，那肯定已经乘车到

家中去了。月娟又打电话给家乡车站，请他们设法让京奕乘原车回

北京。阿龙在北大看大字报，回来吃夜饭。九点半钟，京奕居然回来了。我

们今天晚上谈得很多，等于开了个家庭会议。

八月十五日　星期一　上午学习“十六条”。萧项平参加我们这个组学习。二间楼代

表队准备阿金烟出的发言稿。下午，阿金烟出。晚上，组内有几位同志

跟大联合总部委员会到中共中央所在地的群众接待站去了。留在组内的同

志，各人谈谈自己准备好的阿金烟出的稿子。　阿龙春

八月十六日　星期二

《深柳读书堂日记》

管理及利用

《宋云彬日记》现纳入海宁籍知名人士个人档案汇集全宗管理，库房保管条件较好，全年都能保持稳定的、适合纸质档案保存的温湿度环境，没有出现破损情况。

2009年，海宁市档案馆制作了一套高仿真件和电子版的《宋云彬日记》，仿真件曾在省、市档案局举办的展览中展示，现陈列在“潮起海宁——历史文化档案陈列馆”。

2001年，海宁市档案馆与市政协文史资料委员会联合整理校点了现存日记的全部——《红尘冷眼——一个文化名人笔下的中国三十年》（ISBN 7-203-04472-6），约68万字。2002年3月由山西人民出版社公开出版发行，引起了读者特别是学术界人士的广泛关注。

2003年，《宋云彬日记》手稿入选首批《浙江省档案文献遗产名录》。

《宋云彬日记》在“潮起海宁——历史文化档案陈列馆”展示

2007年，海宁电视台拍摄《宋云彬日记》专题片，通过电视和网络媒体向观众介绍。

2014年，海宁市档案馆在《宋云彬日记》的基础上，广泛收集宋云彬于不同时期发表在《黄埔日刊》、《民主生活》、《中国青年》、《大公报》、《解放日报》、《光明日报》、《人民日报》、《浙江日报》等报刊杂志上的文章，编辑出版《宋云彬文集》（ISBN 978-7-101-10664-0），约240万字，2015年2月由中华书局公开出版发行。

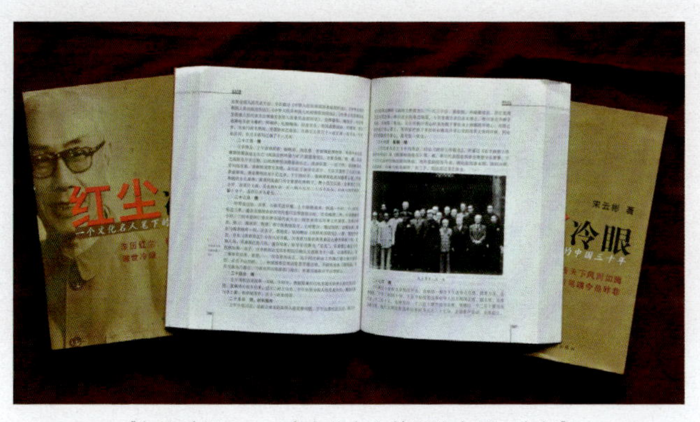

《红尘冷眼——一个文化名人笔下的中国三十年》

《宋云彬文集》（五卷本）

附录 部分档案目录

1.《桂林日记》（1938年12月—1940年8月）

2.《昆明日记》（1945年3月—1945年6月）

3.《北游日记》（1949年2月—1949年8月）

4.《北京日记》（1949年9月—1951年6月）

5.《杭州日记》（1951年9月—1953年2月）

6.《甲午日记》（1954年1月—1954年12月）

7.《乙未日记》（1955年1月—1955年11月）

8.《日记》（1956年6月—1957年6月）

9.《昨非庵日记》（1958年2月—1960年2月）

10.《无愧室日记》（1960年2月—1962年12月）

11.《深柳读书堂日记》（1963年1月—1966年8月）

联系我们

浙江省海宁市档案馆

地址：浙江省海宁市海州西路226号

邮编：314400

电话：0573-87288625

网址：http://daj.haining.gov.cn/

浙江省各级综合档案馆馆藏档案精品介绍（第一辑）

编辑委员会

梅岭课子图

总序

时光流淌，世事更迭，唯有浩繁卷册留存了人类历史发展的足痕印记。档案作为历史的真实记录，是连接过去、今天的桥，也是通向未来的门。档案承载着过往，担负着使命。近年来，作为公共文化机构的档案馆，走向社会的脚步不断加快，践行着资政、维权、育人的神圣职责。

浙江省100家各级综合档案馆作为永久保存档案的基地，经几代人的勤勉耕耘，积数十年之功，收藏了清朝以来2300余万卷（件）纸质档案、近200万张照片和3万余盘音像资料，其中入选中国档案文献遗产名录9项，入选浙江档案文献遗产名录26项。它们内容精彩纷呈，形式丰富多样，既有风云激荡的历史宏卷，也有令人唏嘘的家族记忆，其中蕴含着家国情怀、民族大义和优秀文化。这些既是宝贵的历史文化遗产，更是人类共同的精神财富。

《浙江省各级综合档案馆馆藏档案精品介绍》是一套系列丛书，从2015年起分辑出版，每辑10册，每册介绍1项精品档案。我们从全省各级综合档案馆馆藏中精心挑选，同时，注重材料的真实、考证的严谨和叙述的准确。通过大量的历史资料、图片，以图文并茂的形式，对档案的背景由来、内容价值以及管理利用等方面进行全面地解读和揭示。

“旧时王谢堂前燕，飞入寻常百姓家”。作为“养在深闺人未识”的馆藏档案，只有深度挖掘与开发，才能真正服务大众。《浙江省各级综合档案馆馆藏档案精品介绍》以推介档案文化为宗旨，它不是高大上的“鲍鱼海参”，是为社会大众奉上的一道“精品小菜”。一册一题、通俗生动，利用翔实的史料，引导读者探寻历史发展的细节，倾听历史深处的回声，感悟历史演变的规律。希望这是一道有营养的档案文化“小菜”。

编　者

2015年5月

目录

CONTENTS

引子

在绿树掩映的诸暨市城市广场多戴山的文昌阁顶楼上，有这样一幅书画装饰图：它长得能环绕拱顶一圈，上面的书法字体各具形态，仔细看还有一幅画藏在其中。这幅装饰图出自《梅岭课子图》，它是国家二级文物、浙江省档案文献遗产，原件现保存于诸暨市档案馆，是档案馆的镇馆之宝。

这究竟是谁的书画作品呢？它是怎样形成的？又表达了什么？为什么文昌阁这么重要的建筑选择它作为装饰？让我们循着历史的足迹为您一一道来。

背景和由来

梅岭是一座小山，坐落在浙江省诸暨市的街亭镇。梅岭山下有一个荷香畈村，现为新胜村。

清咸丰年间，学识渊博的傅岱结庐梅岭，伴着苍劲的梅树、潺潺的溪声，精心教导两个孩子。长子傅振海长大后，感念父恩，请人书卷，求索三十余年，形成了书画杰作、艺术瑰宝——《梅岭课子图》。

形成的历史文化背景

“课子图”是我国古代文化艺术中的一朵奇葩。它以百姓日常可见的父母督教子女读书为题材，看似平淡无奇，但是曾经几时，它是那样的辉煌耀眼。

这其中最为著名的，首推浙江嘉兴钱陈群的《夜纺授经图》。钱陈群母亲的教读事迹，在钱陈群《敬题家慈夜纺授经图》序文中有详细的记载。此外，江西铅山蒋士铨的《鸣机夜课图》、江苏太

《梅岭课子图》中的水墨画

《梅岭课子图》局部

仓毕沅的《慈闱授诗图》及常州洪亮吉的《机声灯影图》，也都是乾嘉时期的代表作品。“课子图”之作，可谓盛极一时。

据南京大学徐雁平教授统计，目前有文献可考的课子图，清一代至少有六七十种之多。原因无它，就在于每个课儿教子的定格画面背后，都有着令人感叹的故事。青灯、黄卷，寡母、幼子，纺车、织机，冷月、寒夜，这几乎成了课子图的某种象征，而每个令人唏嘘、掩卷长叹的故事，都指向了一个终极目标：望子成龙。它所承载的，实际上是世代中国人读书明理、立身兴家的人生理念；同时它传承的，还有底层民众的精神寄托与对未来的殷殷期待。

那些课子图往往是长大成才的子女为感念苍老孱弱或已经过世的父母而作的。他们在追忆、索题、征咏的同时“娱亲”，让父母感受人生辛苦耕耘的回馈与成功的欣慰，以此表达子女“难报三春”的一份感恩之心。正是这种融合了中华文化精髓——“课子”与“孝亲”的主题，使得课子图蕴含了无穷魅力。

但是，岁月沧桑，斗转星移，清代曾经盛行于世的课子图，在今天却难觅踪影。其中因雕版印行而流传至今的，仅有蒋光煦的《篝灯教读图》、林昌彝的《一灯课读图》等少数几种。至于书画真迹能保存至今的，则更加凤毛麟角。由此可见，诸暨市档案馆收藏的《梅岭课子图》就十分珍贵了。

档案往事

《梅岭课子图》原藏于傅振海嫡系孙辈家中。1986年，从浙江省委办公厅退休后回到诸暨承担《诸暨史志》编辑出版工作的朱因同志，为撰写傅振海的儿子——辛亥革命烈士傅国英的事迹，曾四次去荷香畈村一带搜集资料，无意中听说傅氏后人保管着《梅岭课子图》，在他的劝说和村干部的努力下，《梅岭课子图》两轴画卷由傅国英的儿子傅祖兴及侄子代表家族有偿捐赠给了县史志办，后又移交给县档案馆。

档案介绍

档案的内容和价值

诸暨市档案馆馆藏《梅岭课子图》主要形成于清光绪十六年(1890)至民国十一年(1922)，为两轴长卷，一轴长17米多，另一轴长7米多；画轴装裱高度约40厘米，实际高度29.5厘米。

《梅岭课子图》画轴

《梅岭课子图》第一轴

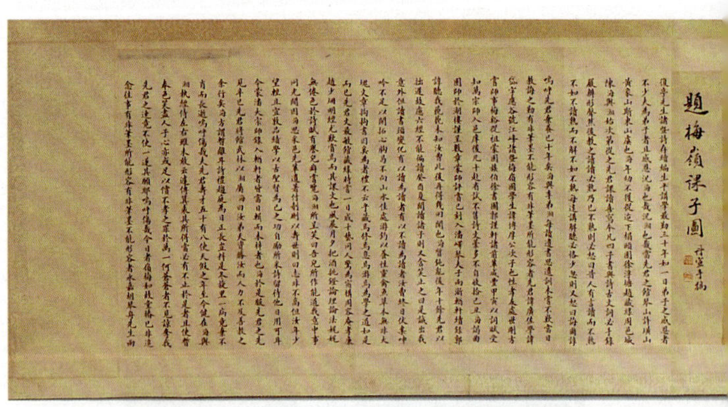

《梅岭课子图》第二轴

子圖
頌閣

梅嶺課子圖
頌閣
梅嶺課子圖題辭

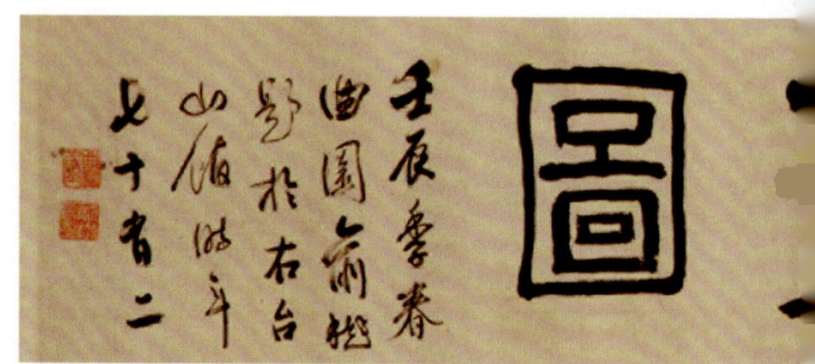

俞樾手书

王同手书

文冲手书

在第一轴长卷中有一幅传统水墨画，系晚清画家胡夤所绘。画面实际长度约1.6米，线条简洁，勾勒分明，画中人物栩栩如生，描绘的是晚清时诸暨梅岭的傅岱教导两个儿子的场景，画上题诗两绝。

两轴长卷中有74个作者围绕“课子”和“孝亲”主题作传、写序、赋诗、题字，共收录诗文百余篇，其中文章66篇。74人中，目前已考证出67人，其中有晚清朴学大师俞樾，经学名家谭献，著名学者崔适，礼部尚书、协办大学士徐颂阁，浙江总督、民国交通总长汤寿潜等，均为一时名宿。

《梅岭课子图》中篆隶真草各体具备，不乏名家墨迹，如晚清朴学大师俞樾等人分别在两轴中用不同书体题写了“梅岭课子图”五个字。其中，俞樾题写的“梅岭课子图”，采用隶书，字体遒劲秀气，颇见功力，下注云“壬辰季春，曲园俞樾题于右台山馆，时年七十有二”。王同题写的“梅岭课子图”，采用篆体，字体略大，约高15厘米，古朴苍劲，蕴秦汉遗风。徐颂阁所题的“梅岭课子图”，系正楷小字，中规中矩。

《梅岭课子图》中所载诗文大多不见于其他文献。如俞樾所题的两首诗，在其文集中仅保留了前一首；湖州崔适的《梅岭课子图序》，自述家事，悲苦之情令人动容，然不见其文集有载。

由此可知，《梅岭课子图》不仅具有重要的文物和文献价值，还具有相当的文学与艺术价值。在这种诗文书画完美结合的艺术形式中，承载着诸暨先贤“课子”与“孝亲”的事迹，它是人们追寻先人足迹，感悟先人理念，研究先人思想最直接、最生动和最珍贵的素材。

《梅岭课子图》的来由

清光绪十六年庚寅（1890）暮春三月的一天，春雨绵绵，在当时浙江的宣平县（1958年撤销，分别划入武义、丽水两县）官署，一个名叫傅振海的幕僚与他的好友胡賨再次相见。胡賨，字琴舟，自号棘门揖客，又号竟山，浙江台州人（今浙江临海人），善画山水花卉，是当时小有名气的一位画师。两人一番寒暄之后，傅振海

《梅岭课子图》描绘的傅岱结庐教子场景

《梅岭课子图》不同字体的题跋

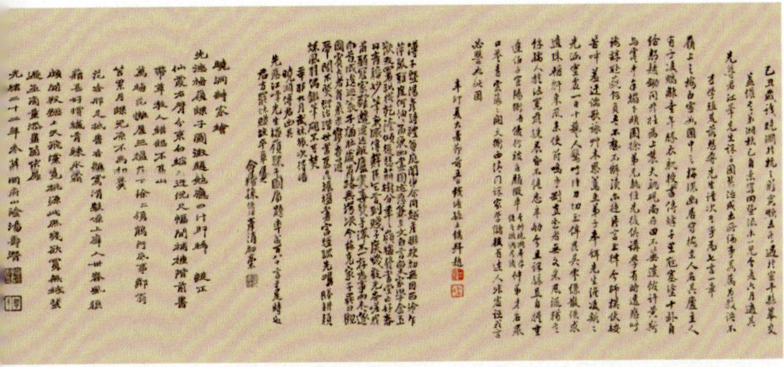

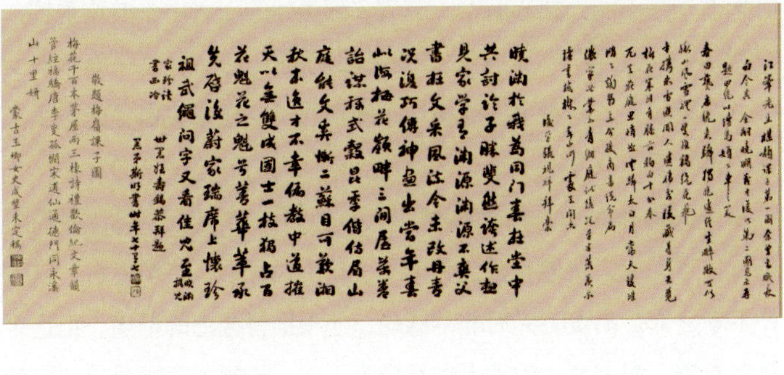

拿出他的父亲傅岱先生的遗著，果然都是一些卓然不凡的作品，有些甚至入选了潘绎琴先生所编的《两浙辎轩续录》、郭复亭先生编著的《诸暨诗存续编》。

他们在灯下忘情叙话，振海回忆起当年在家乡梅岭时父亲对他们兄弟两人的教诲，无限感慨。

傅岱是诸暨梅岭国学生傅博厚的次子。他屡次参加省试都未中第，后开馆授徒，傅振海兄弟两人也得以跟随父亲受教。傅岱先生教书喜欢采用手抄的方式，然后严格辨别字形读音，再教学生诵读，诵读也必须熟悉才罢休。在读书方法上，他教导说："前人有言，读书如果不是很熟悉，就不如不读；熟读了如果没有真正理解，那还不如不熟读"，"必须善于变化气质"，"整天趴在书桌前念书，并不能开拓心胸"，应该"到美妙的山水中去游览垂钓，以陶冶心灵性情"，不要做"受书限制的囚犯"。他一生孝敬父母，友爱兄弟，行善事，兼耕读，却在儿子们还未成器之前撒手人寰，时年五十八岁。

傅振海在灯下忘情地唏嘘起来，他多么希望上天能让他的父亲再长寿一点，使他有机会和弟弟一起手执经书，侍奉左右，以弥补不孝之罪。胡賨听完后非常感动，他根据傅振海的描述，把这个凰穴双雏、教书育人的动人场景描画下来，绘制了一幅傅岱结庐教子的画图，并题诗两首。

傅振海拿到画卷后，如获至宝，随即命名为"梅岭课子图”，并请自己的老师俞樾题写图名。此后，傅振海无论公务私事，都把画卷带在身边，一有机会，便请名人题咏，以使题画内容相符。这便是《梅岭课子图》的来由。

《梅岭课子图》与太和堂

太和堂位于诸暨市街亭镇的荷香畈村。在太和堂的大门两侧，镶嵌着两块晚清朴学大师俞樾的手迹石碑，分别写着“梅岭课子图”和“守梅山房”几个大字。

《梅岭课子图》的主人傅振海是俞樾的得意门生，而太和堂系傅家老宅。当年，《梅岭课子图》在傅振海手中成图后，所有题辞

傅家老宅——太和堂

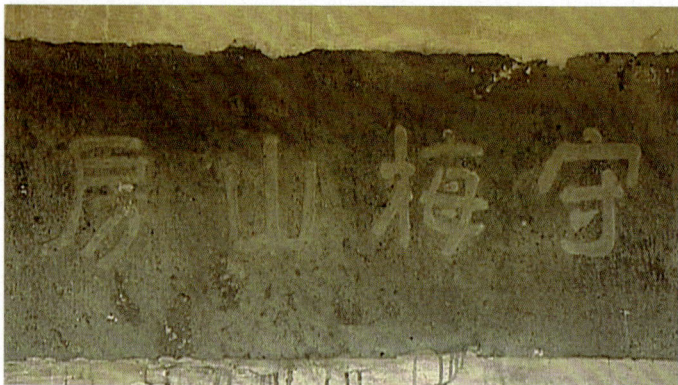

俞樾手迹“守梅山房”

真迹被分成三轴装裱。为传承父亲耕读传家、课子成龙的家风，傅振海将这三轴分别传给了自己的三个儿子——傅国英、傅国芬、傅国骏三兄弟。

傅振海的长子傅国英是一位辛亥志士。民国二年（1913），“二次革命”失败后，傅国英回到老家，把太和堂改成太和号，后在太和号的厢房开出米店、豆腐店，前厢房常请来戏班唱戏，以此为继续参与革命活动作掩护，当时来太和号的都是一些社会名流。

1966年5月，“文革”开始，造反派疯狂打、砸、抢，处处破“四旧”，太和堂也不能幸免，《梅岭课子图》因为是清朝遗物被清查出来。其中，由傅国芬保管的卷轴被查出后，送到当时的公社，在焚毁的前一夜，被有识之士保护了下来；由傅国骏保管的卷轴被查出后，也被该村的有识之士保护起来；前文所提俞樾的手迹因村中有文化的老人用石灰浆涂沫在青色石碑上，使石碑与白墙无异而得以幸存。直到“文革”结束，村民才洗去石灰浆，让石碑露出了原貌。

《梅岭课子图》不仅记载了傅岱的课子事迹，也见证了梅岭傅家子孙在清末民初朝代鼎革、社会变迁中的风雨历程。

傅岱（1822—1880），字应谷，号江峰，生于清道光二年壬午（1822），浙江诸暨人。勤奋好学，才识渊博，本想求取功名，但屡试不中。于是断绝了科举之念，转而授学讲课，浙东巨富豪族争相聘请。为教育孩子成才，傅岱把全部精力都花在对两个儿子的培育上。由于他循循善诱，因材施教，课子极严，两个儿子文名籍籍，声闻乡里，成为饱学之士。

长子——傅振海（1861—1926），字炳涵，一字秉中，行一，咸丰十一年辛酉（1861）八月二十七日生，为绍兴府诸暨县学廪膳生，光绪十四年戊子（1888）至光绪十五年（1889），肄业杭州诂经精舍，兼考敷文、崇文、紫阳书院，师从俞樾、谭献、王同等。光绪十六年（1890）至二十年（1894），傅振海受聘于宣平县县署，主讲鳌江书院。光绪二十三年（1897）中拔萃科（拔贡第一名）。乡试未中，历任直隶州州判、江苏太仓州州同等职。其为官一方，能出淤泥而不染，以德生利民为念，致有“不像官”之议与“傅青天”之誉。后因时局动荡，挂冠归去。民国十年（1921），受聘至吴中修志。十五年（1926）病卒，年六十六。其侍亲则以孝著，其为词章则以诗鸣。谭献曾言："奇才易，清才难。清才者，振海诗其选也。"著有《守梅山馆诗稿》，与其弟振湘合著《同声集》。

次子——傅振湘（？—1891），谱讳炳潇，字楚帆，号湘秋，诸暨县学生员。光绪十七年辛卯（1891）病卒。著有《存真诗钞》两卷，采入《两浙輶轩续录》；有赋，刻入《诂经精舍》第七集。

傅振海之长子——傅国英（1881—1916），字聘之。傅国英幼从父教，志在天下，毕业于浙江高等巡警学堂。早年与光复会、同盟会秘密联络，组织新军，响应孙中山领导的革命斗争。袁世凯密谋称帝后，傅国英与褚辅成等扩展国民党组织，随后担任诸暨警察署长；同时，奔走沪、杭、苏、皖等地，与钮永建、陈英士、王金发等共谋反袁，组建诸嵊别动队。民国五年丙辰（1916）4月12日，傅国英、斯爽等人成立浙东讨袁军，傅国英被推举为总指挥。当夜，诸暨县被攻克，傅国英在诸暨县立中学成立浙东军政府，宣告反袁独立。后被浙江巡按使屈映光设计诱捕杀害，时年三十六岁。民国十七年戊辰（1928），北伐成功后，国民政府追认傅国英为烈士。

《梅岭课子图》中人物及题跋简介

●俞樾（1821—1907）：字荫甫，一字中山，号曲园，湖州德清人。晚清著名文学家、教育家、书法家。治学以经学为主，旁及诸子学、史学、训诂学，乃至戏曲、诗词、小说、书法等，可谓博大精深；一生著述不倦，所著凡五百余卷，统曰《春在堂全书》。

俞樾

应弟子傅振海之请，俞樾在《梅岭课子图》中，为傅岱撰写了《傅公应谷传》，收入《春在堂杂文》六编卷三。在《傅公应谷传》中，俞樾这样写道："梅岭之下有地曰双溪，君每往钓，于是语二子曰：'不在得鱼，临流小坐，最足养人性灵耳。'振海尝搜辑邑中先辈遗诗，将刻以行之，君曰：'儿志非不高，然年少望轻，且宜古圣贤为己之学自励，勿亟亟于此。'二子谨遵其教，皆有成立。及君没，乃绘梅岭

俞樾撰写的《傅公应谷传》

王同题辞

课子图，遍征名人题咏，志永慕也……”

另又撰七绝两首：“白雪娇儿白发翁，梅花岭畔旧儒宫；笑他处士林君复，难把诗篇课羽童。”“由来世业在清门，一卷青编手泽存；留得范家遗砚在，不惟传子又传孙。”其中第一首收录在《春在堂诗编》卷十五。

● 王同：字同伯，号肖兰，晚号吕庐志人，浙江仁和（今杭州）人。曾任职刑部主事，后无意仕途而留心学术，以著书教育自娱，历任杭州各书院山长，尤以掌教紫阳书院为最久，是傅振海的肄业师。工诗文，通金石，善刻印。卒年六十五。著作有《吕庐文集》、《校勘金石随笔》、《考释古泉录》、《说文诗书同异考》等，编有《唐栖志》二十卷。

在《梅岭课子图》中王同题辞写道：“才人多受诗书气，老者喜为山水游。万树梅花书万卷，一庐名迹自千秋。传经有子已成名，画卷诗篇海内倾。预卜傅岩岩下路，百花头上兆和羹。”

● 谭献（1832—1901），初名廷献，字仲修，号复堂，浙江仁和（今杭州）人。曾任安徽歙县、全椒、合肥、宿松等县知县，后去官归隐，锐意著述。晚年主讲湖北经心书院、安徽紫阳书院。以词与词论的成就最为突出。著有《复堂类集》二十一卷，另有《复堂诗续》、《复堂文续》、《复堂日记补录》、《复堂词》，编有《非见斋审定六朝正书碑目》等。

在《梅岭课子图》中谭献题辞写道：“古贤遗孙子，有书凿楹藏。何如亲讲授，昭质

谭献题辞

发文章。青山养桥梓，俯印倚成行。弦诗韵春风，庭草自然芳。竭来皋鱼泪，抚树哀未忘。毋忘此庭闻，日月引以长。孩提我鲜民，失学愧老苍。家法叩微言，名山有辉光。”

管理及利用

档案的保护与开发

《梅岭课子图》形成于一百多年前，征集于20世纪80年代。虽然傅氏族人一直小心保管，但由于年代久远，保管条件差，还是出现了不同程度的破损、霉变和字迹褪变。为此，诸暨市档案馆在档案征集进馆后及时采取了修复和重裱工作。

《梅岭课子图》影印及点校本

2006年，诸暨市档案馆向浙江省档案局申请“抢救和保护《梅岭课子图》”项目。在浙江省档案局和浙江省财政厅的大力支持下，下拨专项抢救经费，用于开展档案数字化扫描、照片翻拍、制作复制件等，使多年来犹如利剑藏鞘、明珠在匣的《梅岭课子图》得以重现光芒。

同年，诸暨市档案馆聘请了在古典文献学和古籍整理方面有着深厚修养的南京大学文学院副院长武秀成教授作为主译，采用影印与考释相结合的方式，对《梅岭课子图》进行了整理出版。这部书的出版，成为诸暨市档案馆编研工作一个新的里程碑，对诸暨市“耕读传家”的风气作了最为经典的诠释和传承。

《梅岭课子图》由西泠印社出版社出版，以古籍书的形式包装。古色古香的蓝绫函套分成一函三册。第一册为两幅长卷中所有篇幅的录文、译文以及作者考略的全部文字，每篇文章上配有与文章相对应的扫描缩小件，方便读者对照；第二、三册为经折本，展开就是以1：1制作成的两幅高仿长卷。

为方便读者阅读，诸暨市档案馆还专门为书的考译卷印刷了简体版本，对书中出现的繁体、异体、罕见字进行了转换，使读者一目了然，还可作为教育孩子的范文。

我国古典文献方面的几位专家，如复旦大学中文系教授陈引驰、南京师范大学文学院教授王锷、南京大学教授赵益等对画卷的价值进行评估，并对此书的考释工作作了鉴定，给予高度评价。

《梅岭课子图》研讨会暨首发式的赠书仪式

2008年，此书还入选首批“浙江省百项档案编研精品”，并被诸暨市文化广电新闻出版局纳入“诸暨文化丛书”系列。

2009年10月27日，诸暨市档案局和市文化广电新闻出版局举行《梅岭课子图》研讨会暨首发式，就《梅岭课子图》整理出版的意义、价值等问题进行研讨。随后，《诸暨日报》作了题为《〈梅岭课子图〉走出“深闺”放异彩》的全版面报道，许多《梅岭课子图》的爱好者，纷纷发表相关博文、文章，一时间，《梅岭课子图》引发了媒体的热议和追捧。

档案的影印考释与发现

在对《梅岭课子图》进行整理出版时，诸暨市档案馆采用了影印与考释相结合的方式。所谓“影印”，是采用照相制版的方法，以原大尺寸进行印制，最大程度地与原件保持一致；并采用“朱墨套色”，使新印本与原貌相符。为使收藏存放更加方便，改原卷轴装为经折装。所谓“考释”，即对原文进行释读，是为“录文”，同时进行白话翻译，并对每个作者之里籍字号、生平事迹及著述等进行考述。

在整理出版中，诸暨市档案馆尤其重视释读工作，不仅反复核对作品图片，还请来书法家祛疑定谳。如若从文字、书法的角度不能厘定是非，则从文史角度进行细致的辨别。如第一卷杨葆光题

《〈梅岭课子图〉考释》专家鉴定意见书

清代的课子图很多，但至今能见到原件的却极其稀少，而《梅岭课子图》正是其中珍贵的一种。该画卷不仅有重要的文物价值，而且在文学艺术及文献资料方面也有不可忽略的价值，对其进行整理、传播，十分必要。

《〈梅岭课子图〉考释》对该画卷采取录文、译文、作者考略、补遗等方式进行整理，我认为是十分恰当的。录文是整理的第一步，它的可靠性直接影响到全书的质量。由于原件为各种书体，而且出于众人之手，书家的个性及规范问题比较突出，因此对其文字的辨认有很高的要求。但对照原件，感到整理者对录文工作做得特别细致，达到了非常精确的地步。如文中对"缵述"一词的录文，若非作者具有深厚的国学修养，便很可能误录作"缆述"或"纲述"。关于诗文书画的作者，都是清末及民初的人物，学界对这一时期的人物传记资料的整理比较薄弱，要逐一考察清楚这些作者颇有困难，但武秀成教授的《考释》对所有主要人物全都作了扼要的说明与辨别，如对胡食、八十老人岩、曾春撰等人，都在多个同名或其他困扰情况下进行了细致准确的考辨。从其所采用的《清代硃卷集成》、《临海县志》、《民国人物碑传集》、《奇觚庼诗集》等文献来看，可知著者搜集资料十分广泛，而其取舍也颇为严谨得体。古文语译在准确、通达上也做得非常到位。如"宜阳"、"大吟坛"、"手携冰雪"等词语，都似易而实难，而《考释》皆能准确无误。《考释》还对题词的书迹真伪以及残缺、错简、亡佚等进行了有据的、可信的订补，大大提高了《考释》的学术含量。职此之由，我认为《〈梅岭课子图〉考释》是一部具有很高学术水平的古籍整理著作。

鉴定人：

复旦大学中文系　教授

2008年8月8日

陈引驰教授对《〈梅岭课子图〉考释》的鉴定意见书

诗，姓名前所冠文字模糊难辨，不知其为一字还是两字，也不知其为字号还是籍贯，后考得杨氏为江苏娄县（今上海市松江区）人，才判定这确实为"娄"字。释读时不仅不能误释文字，而且对原文中作者或书家的笔误也要说明清楚，更要订正后来流传造成的讹误。如第一卷吴忠怀诗有"搔手行唫"语，"唫"原作"言"字旁，字书所无，亦未见于碑别字之类，在录文校记时就指出它应当是作者误书，实为"吟"字，异体作"唫"。

在考察作者生平事迹时，采取史传详者从简、史传阙者从繁的处理方式，多方搜集文献，除一般的史传外，还查阅了不少的地方志及珍稀的科举文献，尽量考证出冷僻的人物。如第二卷末有落款“文冲”者题额，此“文冲”为谁？通过落款处所钤印鉴“聪肃”，再翻检《清代朱卷集成》及《清代进士题名录》所载，才确定文冲姓连，字翀叔，一字聪肃，浙江钱塘（今杭州）人，清咸丰八年戊午（1858）九月十二日生，光绪六年（1880）中进士第八十四名。

在对《梅岭课子图》进行细致的甄别考辨时，还有许多意外的发现。如《梅岭课子图》的今传之本，与原貌已经有所不同，第二卷上的图画应当是因原卷图画缺损而从《梅岭课子图》的光绪刻本上移过来的；第一卷课子图的胡賁题识，与第二卷的题识文字大体一致，时间亦全然相同，两者当有一伪，而从第一卷的异文来看，其题识应该是后人为弥补残损从刻本移录并略加点窜而成的。

此外，通过广搜文献，还发现了《梅岭课子图》传本脱佚的题诗。如浙江诸暨先贤、晚清著名金石学家、大藏书家叶昌炽，其《奇觚庼诗集》卷中（民国十五年［1926］刻本）就载有《题诸暨傅江峰梅岭课子图》七绝四首，这与叶氏在《缘督庐日记抄》卷十三宣统元年（1909）闰二月十二日所记“作七绝四首题傅江峰《梅岭课子图》”完全吻合，应该是后来残缺佚失的，因此，在整理中作为“补遗”附在卷末。

附录 部分档案目录

1. 《梅岭课子图》书画档案

2. 《梅岭课子图》仿真件实物档案

3. 《梅岭课子图》编研出版的书籍资料档案

4. 《梅岭课子图》出版时扫描件光盘档案

5. 《梅岭课子图》招投标资料、出版合同、获奖、文物鉴定、专家鉴定、申报项目等文书档案

6. 宣传《梅岭课子图》的报纸档案

7. 《梅岭课子图》的相关照片档案

联系我们

浙江省诸暨市档案馆

地址：浙江省诸暨市东一路68号

邮编：311800

电话：0575-87979305

网址：http://www.zhujida.cn/

清漾毛氏族谱

浙江省各级综合档案馆馆藏档案精品介绍（第一辑）

总序

时光流淌，世事更迭，唯有浩繁卷册留存了人类历史发展的足痕印记。档案作为历史的真实记录，是连接过去、今天的桥，也是通向未来的门。档案承载着过往，担负着使命。近年来，作为公共文化机构的档案馆，走向社会的脚步不断加快，践行着资政、维权、育人的神圣职责。

浙江省100家各级综合档案馆作为永久保存档案的基地，经几代人的勤勉耕耘，积数十年之功，收藏了清朝以来2300余万卷（件）纸质档案、近200万张照片和3万余盘音像资料，其中入选中国档案文献遗产名录9项，入选浙江档案文献遗产名录26项。它们内容精彩纷呈，形式丰富多样，既有风云激荡的历史宏卷，也有令人唏嘘的家族记忆，其中蕴含着家国情怀、民族大义和优秀文化。这些既是宝贵的历史文化遗产，更是人类共同的精神财富。

《浙江省各级综合档案馆馆藏档案精品介绍》是一套系列丛书，从2015年起分辑出版，每辑10册，每册介绍1项精品档案。我们从全省各级综合档案馆馆藏中精心挑选，同时，注重材料的真实、考证的严谨和叙述的准确。通过大量的历史资料、图片，以图文并茂的形式，对档案的背景由来、内容价值以及管理利用等方面进行全面地解读和揭示。

“旧时王谢堂前燕，飞入寻常百姓家”。作为“养在深闺人未识”的馆藏档案，只有深度挖掘与开发，才能真正服务大众。《浙江省各级综合档案馆馆藏档案精品介绍》以推介档案文化为宗旨，它不是高大上的“鲍鱼海参”，是为社会大众奉上的一道“精品小菜”。一册一题、通俗生动，利用翔实的史料，引导读者探寻历史发展的细节，倾听历史深处的回声，感悟历史演变的规律。希望这是一道有营养的档案文化“小菜”。

编 者

2015年5月

目录

CONTENTS

引子

位于世界自然遗产地——江郎山下的江山市石门镇清漾村，自然景观秀美，人才辈出，积淀着“耕读传家、贵而不富、清正廉洁”的历史文化底蕴，被公认为“江南毛氏发祥地”、“毛泽东祖居地”，也是国家AAAA级景区、浙江省廉政文化教育基地和浙江省历史文化名村。习近平、徐匡迪、华建敏、曾培炎、陈至立、赵洪祝、吕祖善、夏宝龙、李强等国家和省级领导都曾到清漾村视察调研。

清漾村名扬天下，离不开江山市档案馆馆藏《清漾毛氏族谱》。2002年，《清漾毛氏族谱》成功入选首批《中国档案文献遗产名录》，自此围绕《清漾毛氏族谱》，掀起了清漾毛氏文化的保护和研究热潮。在江山市委、市政府的重视和引导下，从“毛泽东祖居地在浙江江山”的论证，到清漾毛氏文化的研究再到清漾毛氏文化保护与旅游开发，做了大量卓有成效的工作。江山市档案馆也在其中扮演了参与者、研究者和推动者的角色。

现在，江山清漾毛氏文化已经成为江山的一张“金名片”，推动了城市知名度的提升。

清漾村及清漾毛氏

在钱塘江上游，浙闽赣三省交界处，坐落着浙江省的西南门户——江山。距江山城区25公里处，有一个俗称“青龙头”的古老村庄——清漾村，距今近1500年历史。清漾村地理位置优越，西南紧依世界自然遗产地江郎山，素称“两浙锁钥、八闽咽喉”的仙霞古道傍村而过。

南朝梁武帝大同年间（535—546），江南毛氏8世孙毛元琼由江山毛塘始迁此地，后人为纪念毛元琼，遂用他的名号“清漾”命名村庄，从此，清漾毛氏在这里繁衍成族。

宋初，清漾毛氏后裔毛休出任吉州（今江西吉水）太守，由此诞生了吉水毛氏、韶山毛氏。清漾毛氏后裔毛仁长任明州（今浙江宁波）太守而孕育了奉化毛氏。一代伟人毛泽东与蒋介石原配夫人、蒋经国生母毛福梅同为清漾毛氏56世孙。

目前，清漾毛氏后裔已遍布浙江省的奉化、杭州、松阳、苍南、衢州等地，以及福建、广西、江西、湖南、辽宁、上海等省、自治区、直辖市，并辗转迁于港澳台及海外多地，计有上百个支派。

清漾村不仅风光秀丽，而且人杰地灵、人才辈出，具有深厚的人文底蕴。早在宋代，就被大文豪苏东坡赞为："天辟画图，星斗文章并灿；地呈灵秀，山川人物同奇。"历史上，仅江山境内清漾毛氏后裔中，就诞生过8位尚书、83位进士和数以千百计的历代人物。在现当代，又出现了国学大师毛子水，中科院院士毛江森和美科院院士、中科院外籍院士毛河光等一批知名人士。

2006年6月，清漾村被评为浙江省第三批历史文化村。

档案往事

1999年夏，出生于江山市石门镇清漾村的离休干部毛永国听说，有一位毛氏后裔欲卖祖传的《清漾毛氏族谱》，买主是兰溪的毛氏后裔。毛永国一打听，这套族谱共65册，整整一樟木箱，修辑于清代同治己巳年，保存完好。毛永国对族谱很有研究，马上意识到这套族谱的价值，便掏钱买下了。

毛永国曾参与首部《江山市志》的编纂，经常到江山市档案馆查阅档案，具有强烈的档案保护意识，老人便想到将族谱放到档案馆保存。他把这一想法告诉了时任市档案局局长徐焕华，徐焕华随即向副市长何蔚萍作了汇报，何副市长当即指示让档案局买下。

可当时档案局经费紧张，拿不出这笔经费，何副市长便打电话给浙江江山三江互感器有限公司董事长毛赛春女士，得知事情原委的毛赛春女士便爽快答应，拿出3000元买下族谱并捐赠给市档案馆。1999年8月27日，《清漾毛氏族谱》捐赠仪式在刚投入使用

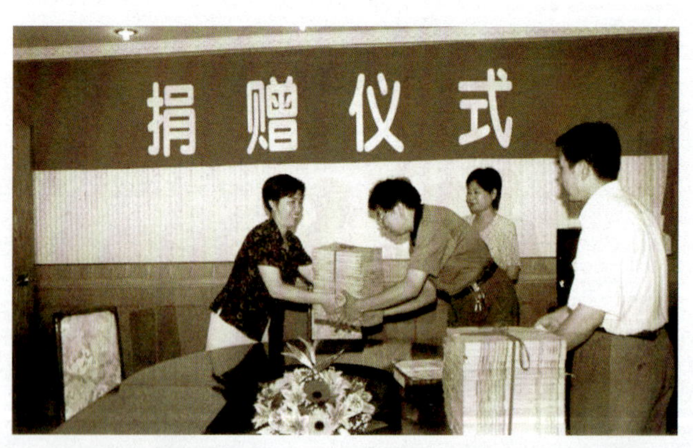

1999年8月27日，毛赛春女士向江山市档案馆捐赠《清漾毛氏族谱》

的江山市档案大楼举行，毛赛春女士亲手将《清漾毛氏族谱》（65册）捐赠给市档案馆永久保存。

族谱进馆后，江山市档案局在整理时发现族谱有缺失，于是围绕散佚在外的另外3册开展了征集活动，并分别于1999年、2007年和2009年先后从民间征集到《清漾毛氏族谱》外集、内集及谱头各1册。至此，68册修纂于清同治已巳年（1869）的《清漾毛氏族谱》全部入藏江山市档案馆。

《清漾毛氏族谱》保存到档案馆后，江山市档案局立即组织人员对族谱进行了整理和研究。2001年，浙江省档案局在全省开展“世纪档案收集年活动”。9月19日，时任省档案局副局长靳秀华到江山进行工作调研，在听取江山市档案局相关情况介绍后，立即提议向国家档案局申报“中国档案文献遗产”，引起在场何蔚萍副市长的重视。第二天，何副市长即前往北京，向国家档案局汇报族谱情况并了解项目申报事宜。

2002年3月，《清漾毛氏族谱》经过“中国档案文献遗产工程”国家咨询委员会投票表决，入选首批《中国档案文献遗产名录》。在国家档案局、中央档案馆公布的首批《中国档案文献遗产名录》（48件）中，《清漾毛氏族谱》位列第25位，是其中唯一一部由民间修纂的私家谱牒。

国家档案局
中央档案馆

档函〔2002〕42号

国家档案局中央档案馆关于
入选《中国档案文献遗产名录》的通知

江山市档案馆：

国家档案局于2002年3月8日组织召开了“中国档案文献遗产工程”国家咨询委员会评审会，按照“中国档案文献遗产”入选标准对首批申报的档案文献进行了认真的审定，你们申报的清代《清漾毛氏族谱》文献已通过评定，第一批入选《中国档案文献遗产名录》。

国家档案局　中央档案馆
二〇〇二年三月二十六日

主题词：　中国档案文献遗产　通知

族谱入选首批《中国档案文献遗产名录》

咨询委员会对族谱的评价是：“《清漾毛氏族谱》为清同治己巳年编纂。据专家考证，毛泽东的祖先系清漾毛氏的后人。《清漾毛氏族谱》记载了周文王第十子郑分封于毛国，被奉为毛氏的第一世始祖。其后人东晋毛宝为江南毛氏一世祖，毛宝孙毛璩建功后食邑信安（衢州），毛宝的八世孙毛元琼于梁武帝大同年间迁居江山清漾。毛泽东的祖先毛让由江山清漾迁居江西吉水龙城，成为江西吉水毛姓的始祖。吉水仙茶乡人毛太华赴云南从军，因军功从云南来湖南定居，为韶山毛氏的祖先。毛氏在浙江江山、江西吉水、湖南韶山迅速繁衍，涌现出大批名人。

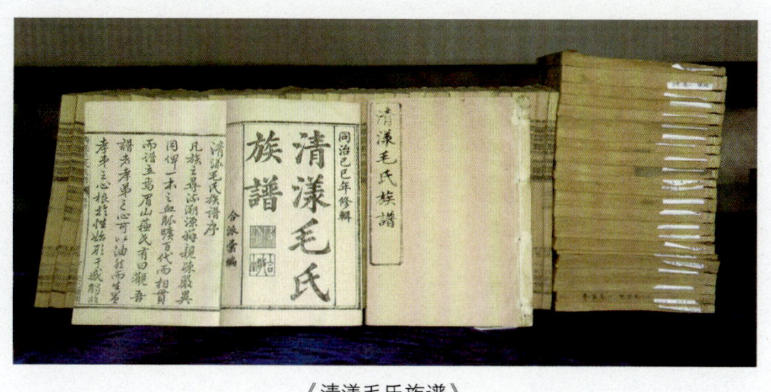

《清漾毛氏族谱》

这部《清漾毛氏族谱》，是三衢（衢州）毛氏现存最完整的、编辑年代较早的族谱。它具体反映了毛氏特别是江南毛氏主支在衢州繁衍、迁移和发展的情况，对研究中国古代人口迁移、家族繁衍等方面有重要参考价值。”

4月13日，江山市政府举办《清漾毛氏族谱》入选《中国档案文献遗产名录》新闻发布会。《人民日报》、《文汇报》、《浙江经济日报》、浙江人民广播电台等10多家新闻媒体进行了报道。

族谱的概况

《清漾毛氏族谱》由江山清漾毛氏第27世后裔、北宋治平四年（1067）进士、龙图阁待制毛渐始纂于北宋元丰六年（1083），至民国共修纂12次，时间延续近千年。

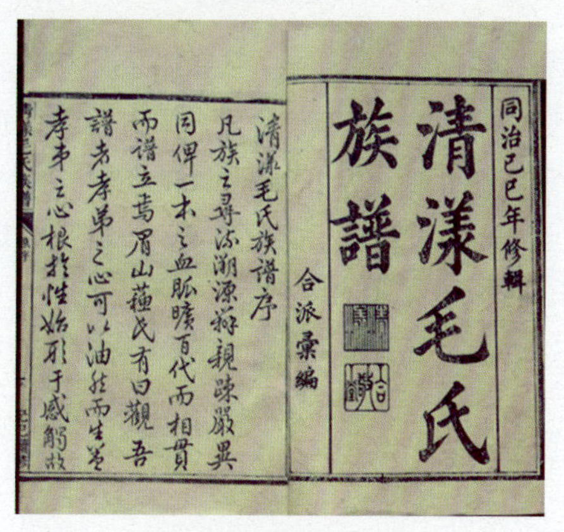

同治己巳年修輯

清漾毛氏族譜

合派彙編

清漾毛氏族谱序

凡族之尋流溯源務親踈嚴異

同俾一本之血脈曉百代而相貫

而谱立焉眉山蘓氏有曰觀吾

譜者孝弟之心可以油然而生矣

孝弟之心根於性始形于感觸故

《清漾毛氏族谱》谱头及序

《清漾毛氏族谱》

入选首批《中国档案文献遗产名录》的《清漾毛氏族谱》，系清同治己巳年（1869）第11修本。该谱一套32卷68册，分“内、外、天、春、夏、秋、冬、地”8集。其中内集7卷6册；外集4卷3册；天集8卷17册；春、夏、秋集6卷5册；冬集5卷31册；地集2卷6册。

族谱开本，页面宽18厘米，高29厘米；封面于上书口内沿印书签；内页面双框单栏，页10行；版心中上处单鱼尾，其上署谱名，其下署集卷内容，底部署页码及修纂时间。

族谱的内容

内集，其卷首为序文；卷一为人物事迹的功德考；卷二为历代封赐等的恩荣考；卷三为祠图墓图考；卷四为宗范志；卷五为收录族人所撰铭、状、志、传、奏议等的家翰志；卷六为收录族人所撰文、歌、诗、赋、序、书等的家翰志。

外集，分为历朝历代族人获颁诰敕、圣谕、祭文的纶音志；历朝历代官员与名士为清漾毛族与族人所撰铭、传、状、志、赞、诔、序、记、颂、诗、歌、赋、书柬、祭文等的外翰志。

天、春、夏、秋、冬、地六集，均为系图、行传等内容。其中，天集为祖宅派之系图、行传等；春、夏、秋三集，为祖宅派及所衍里畲派、东川派、严口派之系图、行传等；冬集为镇安、礼贤、凝湖、永兴坞、广渡、镇西、万三、盘亭、横山底等派系图、行传等；地集为沙堤、龙源、中睦等派系图、行传等。

族谱的特点与价值

1. 可信度高

《清漾毛氏族谱》由北宋龙图阁待制毛渐于北宋元丰六年（1083）初纂之后，分别于明洪武二年（1369）、明永乐廿一年

（1423）、明宣德十年（1435）、明成化五年（1469）、明万历五年（1577）、明万历三十四年（1606）、崇祯十五年（1642）、清乾隆年间、清同治八年（1869）、民国廿五年（1936）重修过，该谱每次重修都印有毛渐的《清漾毛氏族谱·源流序》，而毛渐所著的《毛氏世谱》在《廿五史》上有记载，得到史学界的承认。

族谱定凡例，明迁徙，图经传纬，分支分派，考功德，考恩荣，志祠墓，志宗范，到清同治八年清漾毛氏第49世孙毛兆英续修时，已有68卷的规模。《清漾毛氏族谱》一直以来被三衢毛氏视为范本。

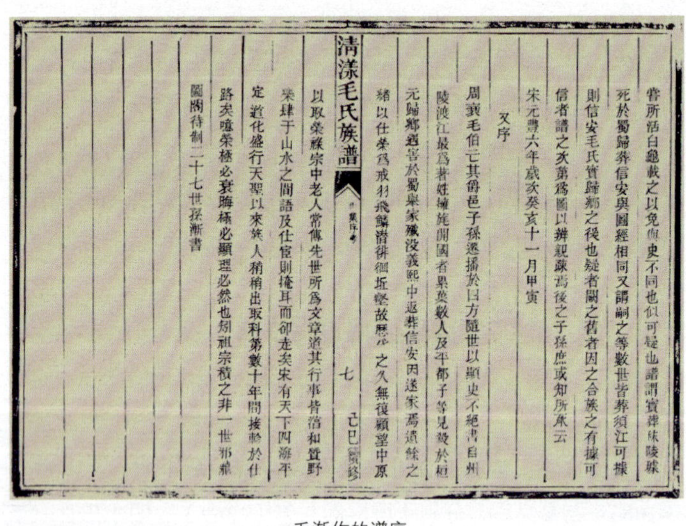
眘所活白纔截之以免與史不同也似可疑也諸謂實葬秣陵球
死於蜀歸葬信安與圖經相同又謂嗣之等數世皆葬須江可據
則信安毛氏實歸鄉之後也疑者闕之舊者因之合族之有據可
信者譜之次第爲圖以辨親疏焉後之子孫庶或知所承云
宋元豐六年歲次癸亥十一月甲寅

又序

周襄毛伯亡其爵邑子孫遷播於四方隨世以顯史不絶書自州
陵渡江最爲著姓擁旄開國者累葉數人及平都子等見殺於桓
元歸鄉遇害於蜀舉家殲没義熙中返葬信安因遂家焉遺餘之
緒以仕業爲戒羽飛鱗潛徘徊坵壑故歷年之久無復顧望中原

清漾毛氏族譜　七　己巳續修

以取榮祿宗中老人常傳先世所爲文章述其行事皆澹和質野
樂肆于山水之間語及仕宦則掩耳而卻走矣宋有天下四海平
定道化盛行天聖以來族人稍稍出取科第數十年間接踵於仕
路矣噫榮極必衰晦極必顯理必然也矧祖宗積之非一世邪乘
圖閣待制二十七世孫漸書

毛渐作的谱序

2. 谱系完整

《清漾毛氏族谱》中有较为完整的世系图，记载了西周自毛氏鼻祖周文王第十子毛叔郑（毛伯）开始，经春秋、战国、秦、汉、三国、晋、南北朝、隋、唐、五代十国、宋辽金、元、明、清，三千余年时空跨越的生息繁衍情况。族谱揭示了江山清漾毛氏是始自毛宝的江南毛氏的主要支系，更成为考证一代伟人毛泽东渊源、世系的重要依据。

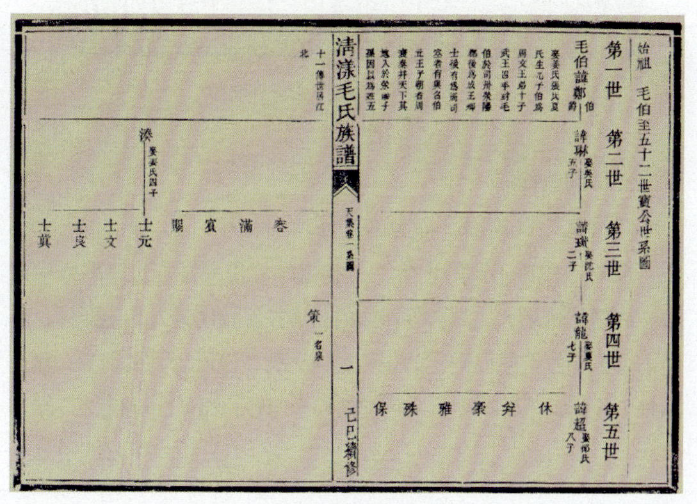

毛氏始祖世系图

清漾毛氏族譜目録
內集
首卷 序文
一卷 功德考
二卷 桑恩考 附坊第書院
三卷 祠墓圖考 附祀產 對聯文
四卷 宗範志 附鄉約規條
五卷 宸翰志 銘 狀 誌 傳 奏議
六卷 宋翰志 文 歌 詩 賦 序 書
外集

清漾毛氏族譜 己ロ）續修

一卷
綸音志
二卷 外翰志 銘傳狀志贊誄
三卷 外翰志 序記頌 詩歌賦
四卷 外翰志 書柬祭文
天集一卷
始祖毛伯世系圖傳至五十二世
二卷
一世寶公渡江三世璩公遷信安八世元瓊公遷江山清漾九世
天祐公傳十二世子曾子產公分派犀公璟公傳璞公至三十五

《清漾毛氏族谱》部分目录

3. 体例独特

《清漾毛氏族谱》分为内、外、天、春、夏、秋、冬、地8集，以对应安排不同的内容。这样编排的最大好处是以后人丁繁滋、族谱体量增大，只需将新增的内容按派按序编入其中即可，丝毫不会影响家谱原已固定的架构。这种既严谨灵活，又别具一格的编排，是清漾毛氏对中国家谱文化科学巧妙的独创性贡献。

4. 人文荟萃

自江南毛氏8世孙清漾公毛元琼定居石门清漾距今已近1500年，清漾毛氏分布江南各地，可谓人才辈出。自宋至清，清漾毛氏后裔至少出过8位尚书，80多位进士。其中8位尚书分别是工部尚书毛让，礼部尚书毛可游、毛延郰、毛大叙，刑部尚书毛文碘，礼部尚书及户部尚书毛晃，端明殿大学士兼礼部尚书毛友，礼、吏、刑三部尚书毛恺。

清漾毛氏家族以学问和著述闻名于世，仅宋代族人中，就有4人6部27卷作品被载入《四库全书》，毛滂《东堂集》、《东堂词》，

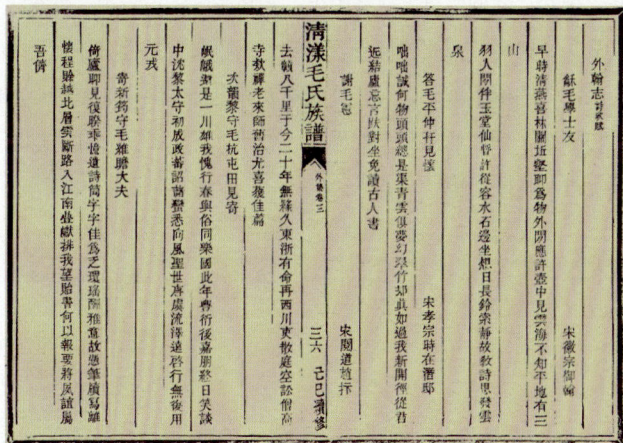

文人学士留下的酬唱作品

毛晃《禹贡指南》，毛晃、毛居正父子《增修互注礼部韵略》，毛开《樵隐词》等，在中国文化史上都占有重要影响和地位。

族谱中载有文人学士的一些佚文佚诗、酬唱作品，如宋文豪苏轼、苏辙、陆游，明首辅赵志皋、吴承恩等人的作品。还载有宋太祖、宋徽宗、明神宗、清康熙、清雍正、清乾隆等历代皇帝的诰敕、旨谕、祭文等。

5. 儒教典范

清漾毛氏宗族文化以儒家礼教文化为核心，拥有悠久的历史和深厚的文化底蕴，历来重视对族人思想品德的培养。

清漾毛氏历次修纂“谱牒”，都在重要位置刊登本族的规训与劝诫，规劝“孝顺父母，尊敬长上，和睦乡里”，号召“崇教学，重农桑”，崇尚“齐家先修身，修身先正心”，坚持“读书起家，勤俭治家”的价值观念，又将反映家族历史、体现家族精神追求的人物与事迹，撰成通俗易懂的楹联，悬挂于各厅各室，以激励族人好学上进、修德向善。

档案介绍

宗正擇族之才德足稱者爲之年齒雖卑不拘也

此尊尊老老賢賢之意也

鄉約原本

係允讀書秉行者今擬行之族中所稱約長即宗長約副即宗副

約正即宗正約史即宗史約保即宗保約贊約司即宗贊宗司務

年四孟月之初十日集於大宗祠

聖諭

孝順父母　尊敬長上　和睦鄉里

教訓子孫　各安生理　毋作非爲

約訓

清漾毛氏族譜　二　己巳續修

自今凡我同約務要父慈子孝兄愛弟敬夫和婦隨長惠幼順小心奉官法睦和處鄉里心要平恕毋得輕意忿爭事要含忍毋得輒興詞訟見善互相勸勉有惡互相懲戒守望相助患難相恤務興禮讓之風以成敦厚之俗凡我同約曾見有溫良遜讓卑己尊人而人不敬愛者乎曾見有兇狠貪暴利己侵人而人不疾怨者乎夫爲善之人心逸日休必有餘慶爲惡之人疾恶于神人被致其家業上辱祖宗下累子孫可不慎與

約戒

毋拖欠錢糧　毋傲情奢侈　毋以衆暴寡　毋以強凌弱

毋恃富欺貧　毋使下侮上　毋侵佔產　毋霸佔水利

《清漾毛氏族谱》中的乡约、约训、约戒

清漾鎮安宗祠聯文開列于後

合派諸祠均可揀擇書鐫

登第不存溫飽志　鋤奸論斷無雙士　廬墓三年悲屺岵

服官常勵潔清心　金殿臚傳第一人　領兵千戶壯屏藩

猗氏鳴琴蘇惠政　樂道安貧敦孝友　傳易說詩與學問

清川秉鐸振儒風　勤王仗義篤忠貞　總漕理榷大經綸

韜畧昭垂青史筆　尚書晉秩兼三部　封爵兼公侯伯子

絲綸世荷紫泥封　宮保榮封冠六卿　政權統吏禮兵刑

鐵面彈奸昭白簡　諸儒遊荷龍門選　國史銘勳符鐵券

冰心判牘矢青天　六子並登雁塔名　江城營築奠金甌

清漾毛氏族譜　己巳續修

忠上封章扶北宋　鳳山八派輝家乘　龍圖聲名光史冊

孝傳捧檄頌南陽　龍圖三填冀聖經　烏臺勳烈著旂常

鼎言才冠三千士　奏疏光昭丹鳳闕　校書玉署秉清問

簪筆忠昭十六章　詩篇贈答白雲庄　專閫樟營積武功

大諫封章昭日月　權國用清心似水　持節安兵遷刺史

高齋韜畧亞乾坤　掌邦刑執法如山　運籌報國鎮虔江

分土謚隆周伯仲　義正詞嚴官柏府　葩經啓世疏箋重

擁旄績奏晉公侯　政平訟理守夠州　鐵硯傳家翰墨香

總制淮揚蘇生安堵　急渡府恩精忠動物　授易編詩崇正學

保全益廣衆志成城　魚寒應釣平孝格天　放龜縱見普深仁

《清漾毛氏族谱》中的宗祠联文

管理及利用

族谱的管理

存放在樟木箱中的《清漾毛氏族谱》

《清漾毛氏族谱》现保存在江山市档案馆，保留原樟木箱装具，按库房管理制度进行日常管理，并实行专人负责，两道锁把关，原件一般不对外查询和利用。

2007年，江山市档案馆制作多套族谱复印件，供研究开发利用。2009年，又精选十册最具价值的族谱进行数字化并制作高仿真件，为更好地保护原谱提供了保障。

族谱的开发利用

《清漾毛氏族谱》征集进馆及入选首批《中国档案文献遗产名录》后，在各级党委、政府的重视和指导下，江山掀起了清漾毛氏文化保护与开发热潮。

1. 族谱的研究与挖掘

2002年4月，为进一步梳理毛氏源流，江山市成立毛氏文化研究会筹备会，组织力量开展清漾毛氏衍脉和毛泽东、蒋介石原配夫人毛福梅等世系的考证。2005年，编印了《清漾毛氏衍脉世系简图》，初步理清韶山、奉化等毛氏的世系，为研究毛氏脉络提供了重要资料，该书被评为浙江省档案部门第八次优秀编研成果。

2006年11月，江山市委、市政府组织档案局、文化局等部门组成毛氏文化课题组赴江西吉水、湖南韶山等7县市进行访问调查，查阅各地毛氏族谱及相关资料，拜访专家学者和谱牒收藏家，获取大量第一手资料，确认江山清漾系江南毛氏发祥地，韶山毛氏源出江山清漾。

《清漾毛氏衍脉世系简图》

湖南韶山毛氏宗亲为表达认祖归宗的诚意，特赠送江山毛氏宗亲一套礼物——《韶山毛氏族谱》。12月5日，捐谱仪式在韶山村委隆重举行。12月26日，毛泽东同志诞辰113周年纪念日，“江山毛氏宗亲迎接《韶山毛氏族谱》仪式”在江山市清漾村举行。

2009年10月，为进一步推进毛氏文化的挖掘和研究，积极开展学术交流和著书立说，加强宗亲联谊，江山市正式成立毛氏文化研究会。

2006年12月26日，江山毛氏宗亲迎接《韶山毛氏族谱》

2009年10月，毛新宇参加江山清漾毛氏文化研究与开发座谈会合影

2. 清漾毛氏文化村的保护与开发

2006年8月16日，时任浙江省委书记习近平同志到清漾村考察，提出江山要把清漾村保护好、开发好。2007年8月，江山市成立清漾历史文化村保护与开发领导小组，编制《清漾村保护与新农村建设规划方案》，分步实施清漾古村落的保护与开发。现已陆续修复了清漾祖宅、毛子水故居、巷门、清漾塔，新增了清漾毛氏名人陈列馆、将军馆、毛泽东在浙江展览馆等，重建了清漾祖祠。

2006年6月，清漾村被浙江省人民政府批准公布为浙江省第三批历史文化村。2009年1月，清漾村被浙江省纪委、省委宣传部等多家

清漾毛氏祖祠

单位联合评定为第二批浙江省廉政文化教育基地。2010年11月，清漾毛氏故居入选浙江省首批涉台教育基地。

3. 召开“毛泽东祖居地在浙江江山”新闻发布会

2009年5月22日，“毛泽东祖居地在浙江江山”新闻发布会在江山举行，发布会由中国档案文献遗产工程“国家咨询委员会”秘书处，江山市委、市政府联合主办。毛泽东嫡孙、中国人民解放军军事科学院战争理论与战略研究部副部长毛新宇博士及夫人刘滨女士，江西吉水、湖南韶山、河南原阳和浙江奉化等毛氏宗亲，来自全国50多家媒体的记者参加新闻发布会。

会议期间，毛新宇携夫人刘滨走进清漾祖宅，听取江山市档案

2009年5月22日，“毛泽东祖居地在浙江江山”新闻发布会

2009年5月，毛新宇在清漾祖宅听取《清漾毛氏族谱》介绍

馆领导关于族谱价值、毛氏衍脉、族规族训和毛氏名人的介绍，参观毛子水故居、清漾毛氏名人陈列馆。

4. 举行江山毛氏文化旅游节

2009年10月28日，首届中国·江山毛氏文化旅游节在江山拉开帷幕，主题是“弘扬毛氏文化，聚焦锦绣江山”。毛新宇携夫人刘滨，以及来自全国各地的毛氏宗亲代表参加了毛氏文化旅游节。首届文化旅游节举办了江南毛氏宗亲呈谱归宗仪式、中华毛氏文化论坛、海峡两岸文化交流暨国学大师毛子水学术研讨会等活动。

2013年9月，江山毛氏祭祖大典

2010年10月20日、2011年10月14日、2013年9月28日还分别举办了第二、三、四届中国·江山毛氏文化旅游节。

5. 举办族谱展览

文化旅游节的举办，提高了清漾毛氏在台湾和海内外的知名度，也吸引了越来越多的台湾清漾毛氏后裔回江山寻根问祖和考察交流。2010年6月，时任江山市委书记傅根友率代表团赴台考察，期间专门举办了江山《清漾毛氏族谱》展览，高仿真的《清漾毛氏族谱》吸引了近万名台湾同胞前来参观，也引起了台湾媒体的高度关注。展览期间，还在台湾国民党总部向蒋孝严赠送《清漾毛氏族谱》。

2010年6月，江山市委书记傅根友（左）向蒋孝严（右）赠送《清漾毛氏族谱》

2010年6月，《清漾毛氏族谱》在台北展览

6.编辑出版相关图书、资料

《清漾毛氏衍脉世系简图》，江山市档案局，2005年编印。

《清漾毛氏名人》，中国文史出版社2007年9月版。

《清漾毛氏史话》，中国文史出版社2008年4月版。

《清漾毛氏族谱·艺文选》，中国档案出版社2008年8月版。

《千年清漾》，中国文史出版社2009年11月版。

《清漾文化圈》，作家出版社2011年10月版。

《清漾毛氏楹联解读》，中国文史出版社2013年5月版。

《清漾毛氏文化》，中国文史出版社2013年9月版。

《清漾毛氏史话》电视纪录片，江山市委市政府、浙江长城影视传播集团联合摄制，2010年10月摄制。

《清漾毛氏族谱（中睦派）》，2009年编印。

《清漾毛氏族谱（凝湖派）》，2010年编印。

《清漾毛氏族谱（祖宅派）》，2011年编印。

《清漾毛氏族谱（龙源派）》，2012年编印。

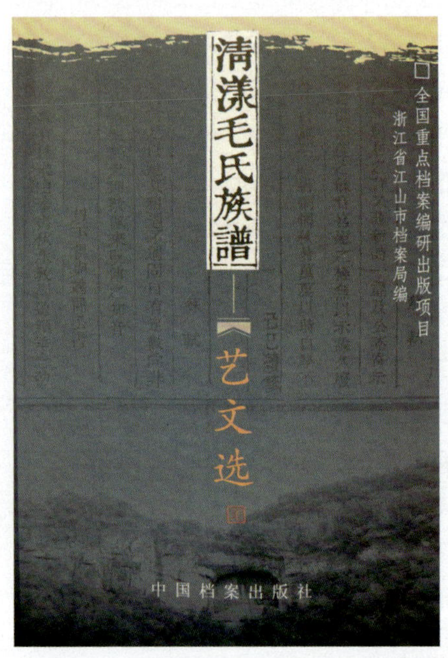

列入全国重点档案编研出版项目的《清漾毛氏族谱·艺文选》

附录　部分档案目录

1.《清漾毛氏族谱》内集首卷　序文

2.《清漾毛氏族谱》内集一卷　功德考

3.《清漾毛氏族谱》内集二卷　恩荣考（附坊第、书院）

4.《清漾毛氏族谱》内集三卷　祠、墓图考（附祀产、对联文）

5.《清漾毛氏族谱》内集四卷　宗范志（附乡约、规条等）

6.《清漾毛氏族谱》内集五卷　家翰志（铭、状、志、传、奏议）

7.《清漾毛氏族谱》内集六卷　家翰志（文、歌、诗、赋、序、书）

8.《清漾毛氏族谱》外集一卷　纶音志（诰敕、旨谕、祭文）

9.《清漾毛氏族谱》外集二卷　外翰志（铭、传、状、志、赞、诔）

10.《清漾毛氏族谱》外集三卷　外翰志（序、记、颂、诗、歌、赋）

11.《清漾毛氏族谱》外集四卷　外翰志（书柬、祭文）

联系我们

浙江省江山市档案馆

地址：浙江省江山市中山路118号

邮编：324100

电话：0570-4036608

网址：http://www.jsdasz.com/

龙泉晚清民国司法档案

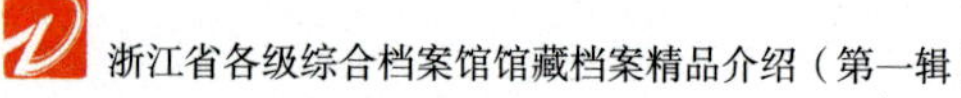
浙江省各级综合档案馆馆藏档案精品介绍（第一辑）

总序

时光流淌，世事更迭，唯有浩繁卷册留存了人类历史发展的足痕印记。档案作为历史的真实记录，是连接过去、今天的桥，也是通向未来的门。档案承载着过往，担负着使命。近年来，作为公共文化机构的档案馆，走向社会的脚步不断加快，践行着资政、维权、育人的神圣职责。

浙江省100家各级综合档案馆作为永久保存档案的基地，经几代人的勤勉耕耘，积数十年之功，收藏了清朝以来2300余万卷（件）纸质档案、近200万张照片和3万余盘音像资料，其中入选中国档案文献遗产名录9项，入选浙江档案文献遗产名录26项。它们内容精彩纷呈，形式丰富多样，既有风云激荡的历史宏卷，也有令人唏嘘的家族记忆，其中蕴含着家国情怀、民族大义和优秀文化。这些既是宝贵的历史文化遗产，更是人类共同的精神财富。

《浙江省各级综合档案馆馆藏档案精品介绍》是一套系列丛书，从2015年起分辑出版，每辑10册，每册介绍1项精品档案。我们从全省各级综合档案馆馆藏中精心挑选，同时，注重材料的真实、考证的严谨和叙述的准确。通过大量的历史资料、图片，以图文并茂的形式，对档案的背景由来、内容价值以及管理利用等方面进行全面地解读和揭示。

“旧时王谢堂前燕，飞入寻常百姓家”。作为“养在深闺人未识”的馆藏档案，只有深度挖掘与开发，才能真正服务大众。《浙江省各级综合档案馆馆藏档案精品介绍》以推介档案文化为宗旨，它不是高大上的“鲍鱼海参”，是为社会大众奉上的一道“精品小菜”。一册一题、通俗生动，利用翔实的史料，引导读者探寻历史发展的细节，倾听历史深处的回声，感悟历史演变的规律。希望这是一道有营养的档案文化“小菜”。

编　者

2015年5月

目录

CONTENTS

引子

晚清至民国时期，社会动荡、战乱频仍，无数珍贵史料毁于战火。龙泉由于僻处深山，并未受到太多波及，及至抗日战争期间，龙泉也没有沦陷于日军之手，大量珍贵档案因此得以完整保存下来。目前所知晚清民国时期数量最大、最具基层性的地方司法档案——《龙泉晚清民国司法档案》就保存在龙泉市档案馆内。

《龙泉晚清民国司法档案》

《龙泉晚清民国司法档案》被誉为是继巴县档案、南部县档案、黄岩档案、台湾淡新档案和宝坻档案之后，历史时期司法档案的又一次重大发现。它详细记录了中国法律制度和司法实践从传统到近代变革的完整过程，对研究我国近代民间法制具有重大作用。2013年3月，《龙泉晚清民国司法档案》入选第三批《浙江省档案文献遗产名录》，2015年入选第四批《中国档案文献遗产名录》。

龙泉地方司法机构的演变

我国古代一直延续行政与司法合一的制度，即由地方各级行政长官知府、知县兼理司法，掌握审判权，设立专门的审判机关。到清末和民国，才逐渐走上了以司法独立为目标的改革道路。

1912年中华民国成立后，浙江省军政府设立提法司，专管全省司法行政事务，军政府不再兼理审判；1912年5月，龙泉县公署设执法科，执法长由知事兼，开始了司法独立的演变过程；1927年南京国民政府成立，龙泉县公署改称县政府，仍设司法科；1929年10月25日，浙江省高等法院命令龙泉等10县成立法院，11月1日龙泉法院正式成立，自此废止了行政长官兼理司法的制度。

龙泉法院设置为法院、检察两部分，又称审部、检部，下设看守所、监狱。审部专司民刑事诉讼案件的审判，并依法律规定管辖非诉讼案件；检部主要实施侦查，提起公诉，协助自诉，以及其他法律规定职责的执行。1932年10月，民国政府公布法院组织法，改

四级三审为三级审判，龙泉法院办理县境内第一审刑事案件和刑事非诉事件。1935年龙泉法院改为龙泉地方法院。

档案往事

《龙泉晚清民国司法档案》最早形成于清咸丰八年（1858），从晚清到民国，由于龙泉地方司法机构变动频繁，这批档案随之易手，后保管于龙泉县法院。

新中国成立后，档案被龙泉县人民政府完整接收，由县委文秘干部兼管。“文化大革命”时期，档案被封存于县公安局；1969年6月，龙泉县革委会清档组人员整理解放前国民党档案，这批档案得到相应的整理；1973年，龙泉县法院恢复工作，档案被取回，其后法院又组织人力对这些档案进行整理，共计17411卷；1986年后，龙泉县档案局对各单位文书进行全面清理、立卷、归档，并按规定接收档案进馆，这批司法档案作为其中的一部分被移交给县档案馆永久保管。

2007年12月，浙江大学历史系的几位老师在浙江丽水地区调研，当他们进入龙泉市档案馆库房时，如此完整的晚清民国时期龙泉地方法院档案令学者们无比振奋。因为当时学界对清末民初司法改革的研究，主要是利用最高审判机构大理院档案以及一些地方官员编撰的案牍；而反映清末民初转轨关键时期的地方审判数据并不

022

浙江省龙泉县人民法院文件

龙法文字（85）19号

关于龙泉县人民法院原有敌伪档案

已移交县档案馆保存的报告

县政府、丽水地区中院：

龙泉县人民法院原有一万七千四百一十一卷刑事、民事敌伪档案，经过一年多时间的整理装订（整理前案卷普遍被虫蛀过），并经严格消毒后，已于一九八三年三月三十日全部移交给县档案馆保存。经双方清点核对，案卷与案卷目录完全相符。移交单位经办人：马浙民；接收单位经办人：付土恭。

特此报告。

龙泉县人民法院

龙泉县档案馆

一九八五年六月六日

报：县政府、地区中院。

《龙泉晚清民国司法档案》移交进馆证明

2007年，浙江大学历史系包伟民教授（左一）带着研究团队在龙泉考察

多见，一些地方档案馆即使有也只是零星收藏，且年代大都在20世纪30年代至40年代。数量如此之大、如此完整的《龙泉晚清民国司法档案》，无疑是非常罕见的，其学术价值也十分巨大。

档案的概况

龙泉市档案馆馆藏《龙泉晚清民国司法档案》共计17411卷，88万余页，记录的诉讼案件超过2万个，是目前已知晚清民国时期保存最完整、数量最大的基层司法档案文献。

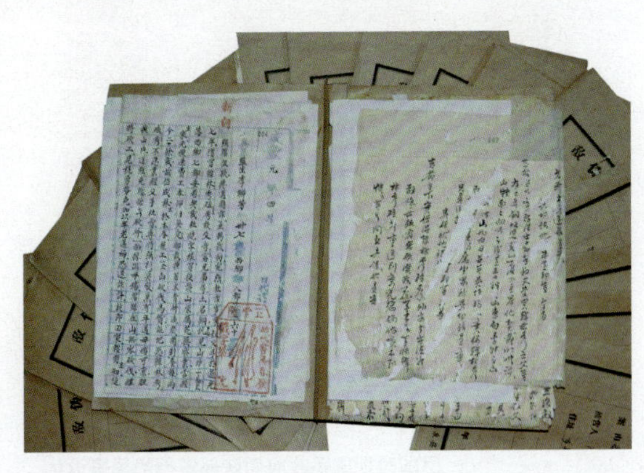

《龙泉晚清民国司法档案》

民事訴狀

國民政府司法部頒行

國民政府公署圖

此狀紙定價銀陸角

民国时期国民政府司法部颁行的民事诉状

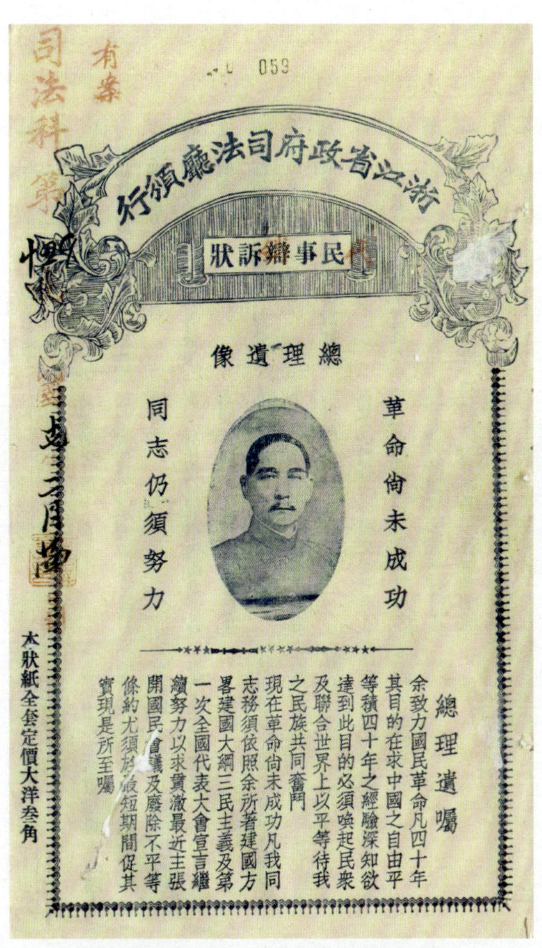

司法科第

有案

059

浙江省政府司法廳頒行

民事辯訴狀

總理遺像

革命尚未成功

同志仍須努力

總理遺囑

余致力國民革命凡四十年其目的在求中國之自由平等積四十年之經驗深知欲達到此目的必須喚起民衆及聯合世界上以平等待我之民族共同奮鬥

現在革命尙未成功凡我同志務須依照余所著建國方畧建國大綱三民主義及第一次全國代表大會宣言繼續努力以求貫澈最近主張開國民會議及廢除不平等條約尤須於最短期間促其實現是所至囑

本狀紙全套定價大洋叁角

民国时期浙江省政府司法厅颁行的民事辩诉状

档案以卷为单位，一个案件为一卷，案卷时间起自1912年，止于1949年。由于司法案件具有延续性的特点，如诉讼持续、旧案新诉、新案引证旧案文档等多种原因，它也包含了相当数量的晚清案卷，因此档案所属的实际年代为清咸丰八年（1858）至1949年。

档案以纸质文书为主，纸张大小多为16开，文字为手写体。民国时期民刑诉讼案件的卷宗，构成了这批档案的主体。主要包括各个时期的状纸，状纸填有原被告的姓名、年龄、职业等信息；由当事人或讼师、律师撰写的诉状、辩诉状的原件及抄本或副状；知县、承审员或法院推事的历次判词、调解笔录、言词辩论记录、庭审口供、传票、保状、结状、领状；以及各级法院、检察院、监狱等司法机构之间的来往公函。有的还附有作为证据的契约、分家书、婚书、系谱简图、法警的调查记录、田产山林的查勘图等。

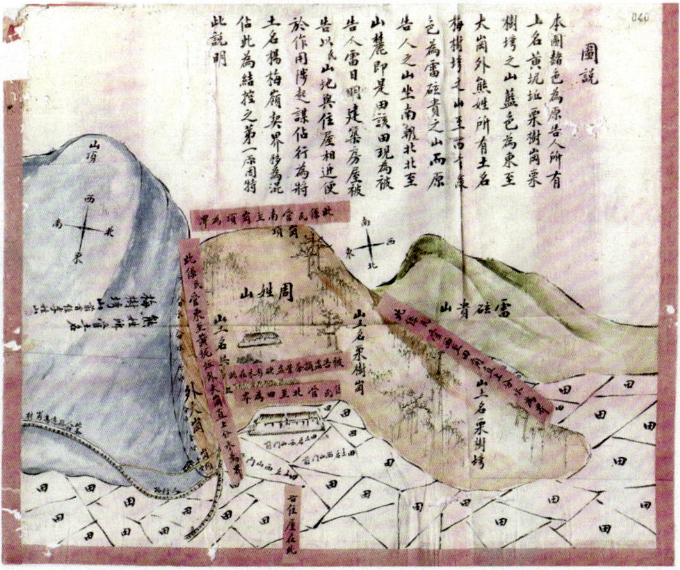

县衙办理山林纠纷时绘制的山图

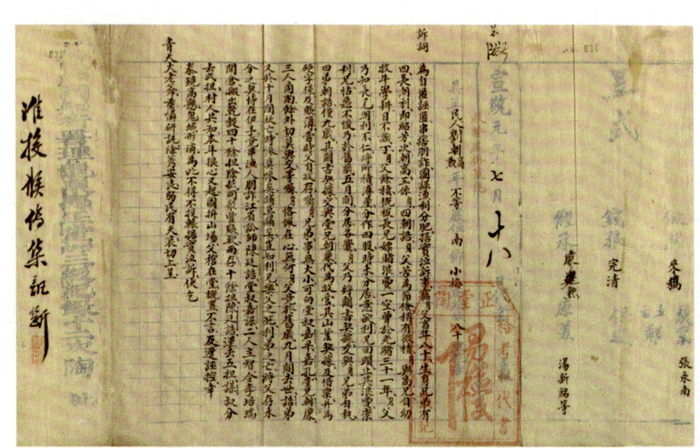

清宣统元年（1909）的诉状

除此外，还包括清咸丰、光绪、宣统年间的诉讼档案及验尸报告、证据档案近百件。另杂有少量的法院、政府和学校等机构的工作档案或其他档案，如《龙泉县监狱杂账册》、《监狱各犯花名册》、《监狱生活补助费清册》、《法院职员办案月报表》、《龙泉县商业登记簿》、《行政院善后救济总署浙闽分署龙泉县配发救济款报销表》等。

通过这些档案，我们可以追踪民国时期司法纠纷和案件发生、调解、提起诉讼，直至最后判决、上诉和执行的完整的法律过程。其中不少资料还生动展现了晚清民国时期人们日常生活、社会关系

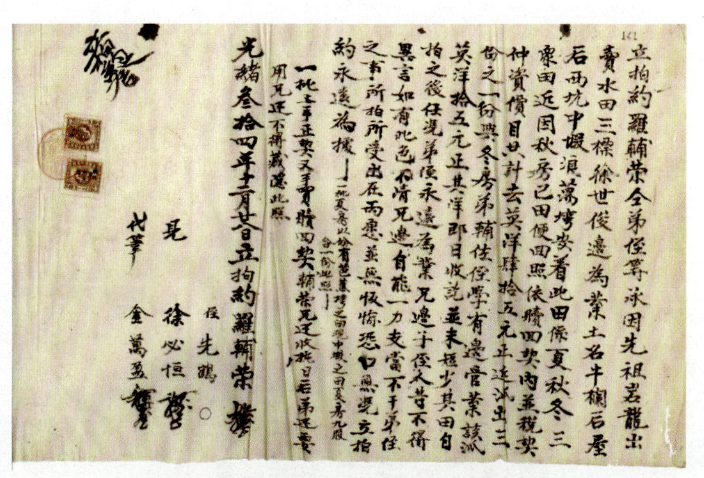

141

立拍約羅輔榮仝弟侄等，承因先祖岩龍出賣水田三塅，徐世俊邊為業，土名牛欄后壓石西坑中塅湞蕩坪安着，此田係夏秋冬三眾田，近因秋房已田便田，照依贖回契內並找契仲價目，共計去英洋肆拾五元正，述派出三份之一份與冬房弟輔佐侄學有邊管業，該派英洋拾五元正，其洋即日收訖，並未短少。其田自拍之後，任憑弟侄永遠為業，兄邊子侄人等不得異言。如有此色，不清兄邊自能一力支當，不干弟侄之事。所拍所受出在兩愿，並無悔恐，口無憑，立拍約永遠為據。

一批夏房以份有芭蕉坪之田，現中塅之田夏房九股合一份，此照。

一批上年正契又手贖回契，輔榮兄邊收執，日后弟侄要用，兄邊不得藏匿，此照。

光緒叁拾四年十一月廿八日立拍約羅輔榮

見 侄 先鵬
徐必恒

代筆 金萬益

清光绪三十四年（1908）的拍约

和经济活动的细节，是我们了解晚清民国时期社会状况和人们法律观念、态度演变的弥足珍贵的第一手材料。

档案的内容

《龙泉晚清民国司法档案》中一宗发生在民国十八年（1929）十一月，因龙泉法院侵占该县婺州会馆为法院机构，引起婺州会馆商人抗议，进而上书浙江省高等法院的案件卷宗，引起了我们的关注。

卷宗由婺州商人的上书申请、婺州商人补叙、浙江省高等法院

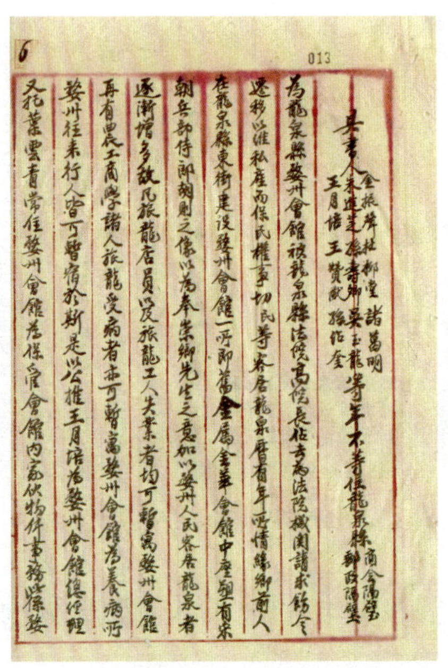

6　013

具書人金振聲　杜卿堂　諸葛明　朱進芝　孫壽卿　吳玉龍　王月諳　王贊猷　孫紹奎等年不等住龍泉縣商會陽塘　郵政陽塘

為龍泉縣婺州會館被龍泉縣法院高院長佔去為法院機關請求飭令

遷移以維私產而保民權事 切民等寄居龍泉歷有年所情緣鄉前人

在龍泉縣東街建設婺州會館一所即舊金屬金華會館中塑有宋

朝兵部侍郎胡則之像以為奉崇鄉先生之意加以婺州人民客居龍泉者

逐漸增多致凡旅龍店員以及旅龍工人失業者均可暫寓婺州會館

再有農工商學諸人旅龍受病者亦可暫寓婺州會館為養病所

婺州往來行人皆可暫宿於斯是以公推王月諳為婺州會館總經理

又托葉雲青常住婺州會館為保管會館內家伙物件事務以保婺

婺州商人的上书申请

训令等文献组成。在上书申请中，9位婺州商人提出婺州会馆“系婺州旅龙人民完全私有产业，为龙泉人民所共信。谁料龙泉法院高院长于十一月二十八日，擅权侵占作为法院机关……各人信仰三民主义，则民权尚在，心何甘休，为此不已，请求浙江高等法院院长饬令迁移，不甚感德之至”。数日之后，他们又对法院侵占会馆的事实作了补叙。

不久，浙江省高等法院以训令的形式，迅速对此作出回应。一方面承认会馆作为民产的性质，龙泉法院不能任意占用；另一方面，根据共有财产处分需要征得全体同意的法律，要求核实申请人身份，并将调查和处理权交给了地方政府和法院。该案件最终结果是，法院争取到会馆部分董事同意，以借用的名义继续在该婺州会馆办公。

这是一起典型的涉及官民纠纷的案例，相关档案完整记录了案件从发生、上书申请、补叙再到判决处理的全过程；清晰地展现

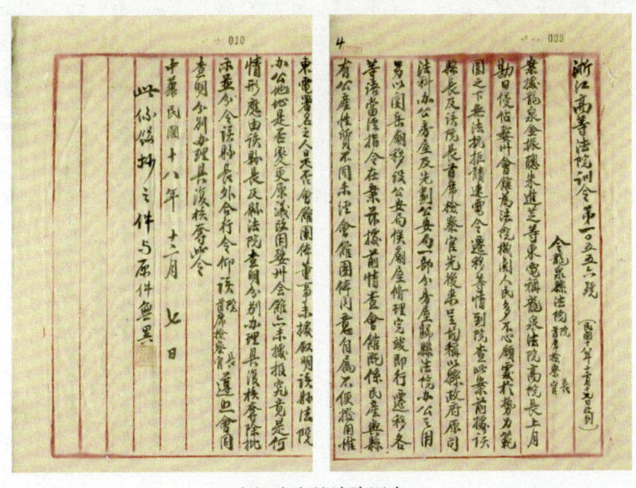
4 009

浙江高等法院訓令第一〇五五六號（民國十八年十二月七日發到）

令龍泉縣法院院長、首席檢察官

案據龍泉金振聰朱進芝等東電稱龍泉法院高院長上月勘日侵佔婺州會館為法院機關人民多不心願實於勢力範圍之下無法抗拒請速電令遷移等情到院查此案前據該院長及該院首席檢察官先後呈稱以縣政府原司法科辦公房屋及先劃公安局一部分房屋歸縣法院辦公之用另以関岳廟移設公安局俟廟屋修理完竣即行遷移各等語當經指令在案茲據前情查會館既係民產與縣有公產性質不同未經會館團体同意自屬不便擅用惟

010

東電署名之人是否會館團体董事未據叙明該縣法院辦公地址是否變更原議該婺州會館亦未據報究竟是何情形應由該縣長及縣法院查明分別辦理具復核奪除批示並令令該縣長外合行令仰該院院長首席檢察官遵照會同查明分別辦理具復核奪此令

中華民國十八年十二月七日

此係鈔之件与原件無異

浙江省高等法院训令

浙江省長公署訓令第一九八七號

令龍泉縣知事

訪聞該縣民人廖獻忠研究藝術仿造哥弟二
窑磁器於本年陰歷五月下旬有磁器五件售
與大沙張石妹城東張水清等得價七十元至陰
歷七月二十日有大通和銀行素收古玩之李為
恢哭然稱伊行當手李克明被張石妹等詐稱古
磁騙買函請李警佐追辦旋派警至廖獻忠家
將仿器一掃揭去及申訴該知事庭前斥為
詐欺取財預審被押等情查仿製與偽造不
同廖獻忠果能仿製古窑官廳理應保護何
得濫行搜捕如所聞果實該知事未免處分失
當究係如何實情合行令仰該知事查案呈
復以憑核辦毋稍飾延切切此令

民国七年（1918）发生的仿古青瓷案件中浙江省长公署签署的第1987号训令

了处于相对劣势的民众在权利受到侵害时，并不因为对方是官（法院）而忍气吞声，而是直接上书至浙江高等法院请求帮助的法律态度，民国时期民众的维权和法律意识由此可见一斑。

除了记录案例本身以外，相当部分的《龙泉晚清民国司法档案》还保留有不少的地方历史信息。如，民国七年（1918）发生的仿古青瓷案件档案，就为我们呈现了当时龙泉青瓷业传承发展的相关情况。

1918年9月，龙泉大通和银行当手季克明向县公署呈递了一份刑事诉状，据诉状称，张锡妹、张水清先后将五件仿制的假古瓷托名为宋代大窑古瓷，哄骗季克明以二百五十元全数买下，后季克明察觉是假货，无法转售，于是控告张锡妹、张水清以及制瓷人廖献忠串同诈骗。廖献忠辩称自己是仿制大窑古器，明仿明卖，并无欺诈。

另有大通和银行李为蛟因季克明被骗，函请警佐派警至廖献忠家将瓷器及未完工的半成品收缴而去。廖献忠因此起诉李为蛟，并递呈至浙江省长公署和浙江实业厅，恳请返还瓷器。后浙江省长公署和浙江实业厅分别签署训令和指令，要求龙泉县公署查明实情，并指出仿古和伪造不同，若廖献忠果能仿制古代官窑青瓷，理应保护。案件最后以知事撤销该案，牌示廖献忠领回被缴的瓷器；廖献忠以“瓷被更换”为由，不愿领回而不了了之。

该案件档案由刑事诉状、训令和指令等文献组成，保留了珍贵的地方历史记忆，也呈现了清末民初时期龙泉青瓷业发展的状况。

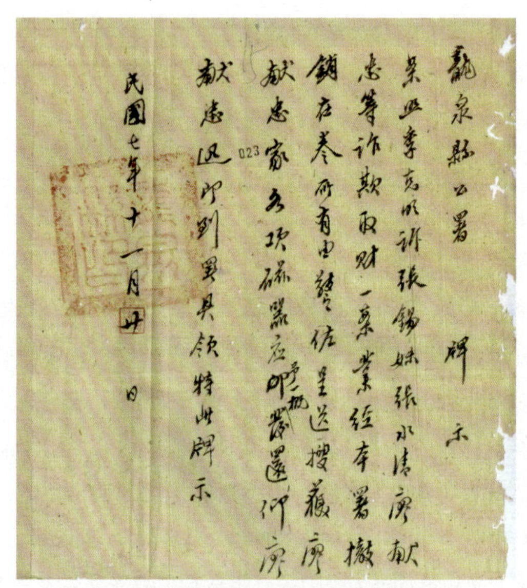

龍泉縣公署　牌示
案照李克明訴張錫妹張永清廖獻
忠等詐欺取財一案業經本署撤
銷在案所有由警佐呈送搜獲廖
獻忠家各項磁器應即發還仰廖
獻忠迅即到署具領特此牌示
民國七年十一月卅日

龙泉县公署要求廖献忠领回青瓷的牌示

一方面，由于清末时期龙泉青瓷烧制技艺衰落，宋元古瓷倍受追捧，为谋求暴利，盗掘古窑址和古墓寻找古器十分猖獗，也有不少民间艺人专门从事研究仿制古青瓷；另一方面，地方政府为促使青瓷业正常发展，非常重视对该行业秩序的维护，对盗窃、伪造青瓷进行严厉打击，而对仿制等行为则持保护和积极的扶持态度。

翻阅《龙泉晚清民国司法档案》，我们发现，一些优秀传统文化在不少案件中贯穿始终。比如，有许多案件（包括刑事案件）最

046

司法部頒行

保狀

重建司法部正面圖

本狀紙全套定價當十銅元貳拾枚加

民國　年　月　日報部核准

毛连昌控邱凤麟奸谋明夺案中吴恒泰出具的保状

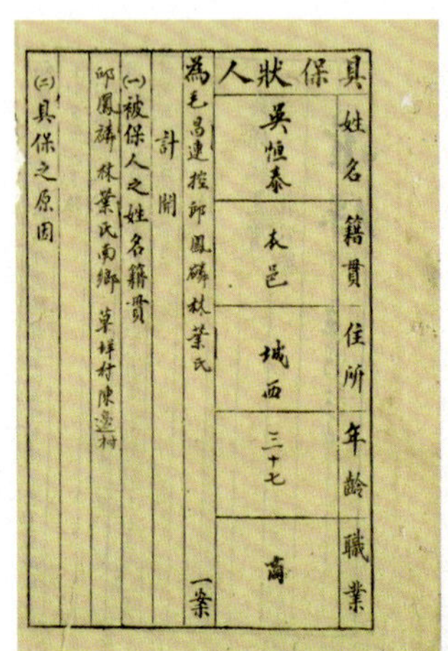

具保狀人

姓名	籍貫	住所	年齡	職業
吳恒泰	本邑	城西	三十七	商

為毛昌連控邱鳳麟林葉氏一案

計開

(一)被保人之姓名籍貫

邱鳳麟林葉氏南鄉草坪村陳邊村

(二)具保之原因

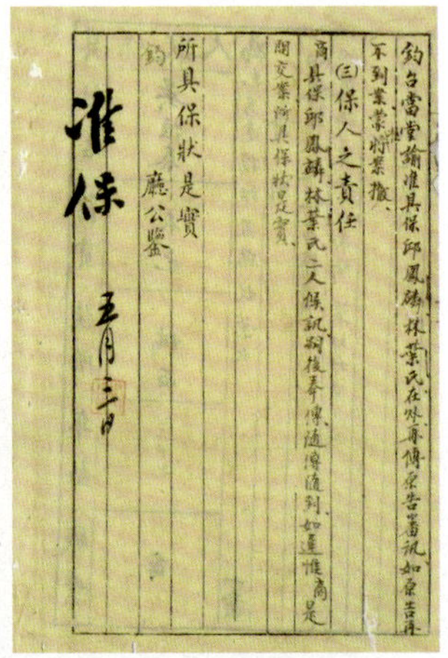

鈞台當堂諭准具保邱鳳麟林葉氏在外聽傳原告當訊如原告再不到案業將案撤

(三)保人之責任

商具保邱鳳麟林葉氏二人候訊嗣後奉傳隨傳隨到如違惟商是問交案所具保狀是實

所具保狀是實

鈞廳公鑒

准保

五月二日

毛连昌控邱凤麟奸谋明夺案中吴恒泰出具的保书

终以调解结案，而且在刑事案件中，保释是一种常态，极少适用羁押措施，以“和”为贵的优秀传统文化在民国时期的司法实践中得到了充分体现和贯彻。以毛连昌控邱凤麟奸谋明夺案为例，被告人邱凤麟、林叶氏因涉嫌奸谋明夺等罪名，被县公署羁押于看守所，后吴恒泰作为保证人向县公署出具保书和保状，将两被告保释。在保书中，写明了保证人吴恒泰应承担的责任：“商具保邱凤麟、林叶氏二人候讯，嗣后奉传，随传随到，如违惟商是问，交案所具保状是实”。县公署在保书最后批注“准保”二字。这种注重保障人权、慎用强制措施的司法理念是非常值得肯定的，对于现在的司法实践具有借鉴意义。

管理及利用

档案的保护

在进馆前，由于《龙泉晚清民国司法档案》几经易手，归档保存情况很不理想，档案中有60%以上的案卷存在虫蛀、霉变、破损等情况，损坏程度较为严重。尤其是晚清时期的档案纸张脆化、虫蛀、破损残缺等情况非常普遍，有些甚至成为一堆纸屑。1969年开展清档整理和裱糊时，工作又太过粗糙和随意，有些只在档案下垫了一张纸；有些在裱糊时未将档案展平，使得折皱固定化；有些将同一档案的前后部分裱糊在同一纸张的正反面，出现了很多两面裱糊的现象；还有些对超出裱糊纸张或者卷宗袋的档案随意剪切，破坏了档案原有形制；裱糊所用纸张基本上都是各种废纸，毫无规范可言，人为加重了这部分档案的损坏程度。

档案进馆后，龙泉市档案馆积极组织力量对破损档案进行人工裱糊修复，开展档案抢救和保护。2006年，《龙泉晚清民国司法档案》抢救裱糊被列入省级重点档案抢救和保护项目，在国家档案局

进馆前破损严重的档案

和省档案局的大力支持下，先后6次获得上级财政补助共计76万元。

2011年6月，龙泉市档案馆又投入大量人力财力，建立了档案裱糊中心，对破损档案进行抢救裱糊。通过3年多的努力，裱糊修复工作取得了阶段性成果，不仅列入龙泉市政府投资项目，还培养了一支6人组成的专业团队，裱糊用房也扩展到100多平方米。目前已累计裱糊修复《龙泉晚清民国司法档案》3618卷，114763页。

此外，龙泉市档案馆还对档案进行了全文数字化扫描。2008年12月，投入44.7万元，对1.7万卷77.8万页的《龙泉晚清民国司法档

档案裱糊修复中心

案》进行全彩扫描，完成晚清民国司法档案的全文数字化工作，建立司法档案专题数据库。

龙泉市档案馆对《龙泉晚清民国司法档案》实行专库管理，并采用标准化档案密集架，配备温湿度自动调控设备，安装监控摄像头实行全面监控。

《龙泉晚清民国司法档案》按档号装于专用档案盒内，利用时仅提供电子版或复制件，一般不做原件调用。为了方便群众检索和利用，龙泉市档案馆完成了档案标准化著录，建立了计算机检索数

档案裱糊修复

对档案进行数字化加工

据库。馆内编有纸质和电子的案卷目录、卷内目录供广大利用者查阅。此外，在龙泉市档案局网站（http://daj.lq.gov.cn/）档案查询系统栏目也可以检索查阅相关条目。

档案的研究

2007年，浙江大学历史系发起地方文书研究计划，对浙江省内各类历史文书进行了系统的调查、整理与研究工作。包伟民教授听朋友提及龙泉可能珍藏着大量民国文献，便带着研究团队来到龙泉市档案馆，见到了这批收藏在密集架上、占据大半个库房的珍贵资料，由此开启了龙泉司法档案整理与研究的序幕。

2008年7月，经浙江省档案局牵线搭桥，龙泉市档案局与浙江大学签订了“龙泉民国司法档案研究与整理”合作项目，旨在借力高校，通过数字化与编目、整理与出版、学术研讨与考察活动、学术研究等一系列活动，开发利用龙泉司法档案。该项目先后被列为浙江省社科联“十二五”重点项目及浙江大学“985工程”重大项目，并获得1200万元国家出版基金资助。

2008年，龙泉市档案局与浙江大学合作，用一年左右的时间，全部完成了这批档案的数字化工作，建立了专门数据库；借助浙江大学研究团队编研力量，对档案进行全面的编目整理，理清各个卷宗的基本情况，并撰写了案件提要，编制了索引。

为加强项目编研力量，2011年2月，浙江大学成立地方历史文献编纂与研究中心；2012年8月，龙泉市人民政府与浙江大学联合成立了“龙泉司法档案研究中心”。

2012年8月、2014年12月，龙泉市档案局、浙江大学历史系与中华书局合作，整理出版了《龙泉司法档案选编》第一辑、第二辑，实现了由档案部门提供珍贵档案资源，高校编研人才进行整理与研究，专业出版社出版发行的强强联合。《龙泉司法档案选编》成为中国首套正式出版的地方司法档案文献，被誉为“民国档案文献整理的典范之作”，海内外学者专家对其给予了高度评价。

History Department
Chinese University of Hang Kong
Shatin, NT, Hong Kong

The Longquan county legal archives

The Longquan county legal archives of the late Qing and Republican periods are a very important discovery for our understanding of China's legal and social traditions for the following reasons:

1. First-hand historical legal documents remain scarce. The Longquan archives will rank with the Baxian, Huolu, Qufu archives on the mainland, and the Danxin archives in Taiwan, in informing us of actual practices in local lawcourts in the historical periods.

2. The details included in the legal cases are unrivalled by other documents. Aside from legal procedures, they provide information on many aspects of social and economic organisations in China from the nineteenth to the twentieth centuries.

3. The continuity in the records preserved in the legal archives is of particular value in enabling the study of systematic social and economic changes.

4. The details available will allow comparative research with the legal and social history of other historical societies. Legal archives are abundant in Europe, North America, and other societies in Asia (Japan, India being obvious examples) and are well researched.

I am very glad that the Lonquan county legal archives have been discovered and are being studied in depth by historians at Zhejiang University. I am sure their studies will yield important results that attract the attention of historians in China and abroad.

David Faure
Wei Lun Chair Professor of History

28 January, 2010

香港中文大学科大卫教授对《龙泉晚清民国司法档案》的价值鉴定和推荐信

在与浙江大学合作开发的同时，龙泉市档案馆还广泛开展了学术交流，多次邀请海内外专家学者对《龙泉晚清民国司法档案》进行深入的探讨，引起法学界、历史学界专家学者的关注与重视。2008年9月，浙江省社科联与浙江大学等单位共同举办了“地方史研究与新史料的发掘”国际学术研究会，来自日本、韩国等国与台

2008年9月27日，“地方史研究与新史料的发掘”国际研讨会参会代表来龙泉市档案馆考察

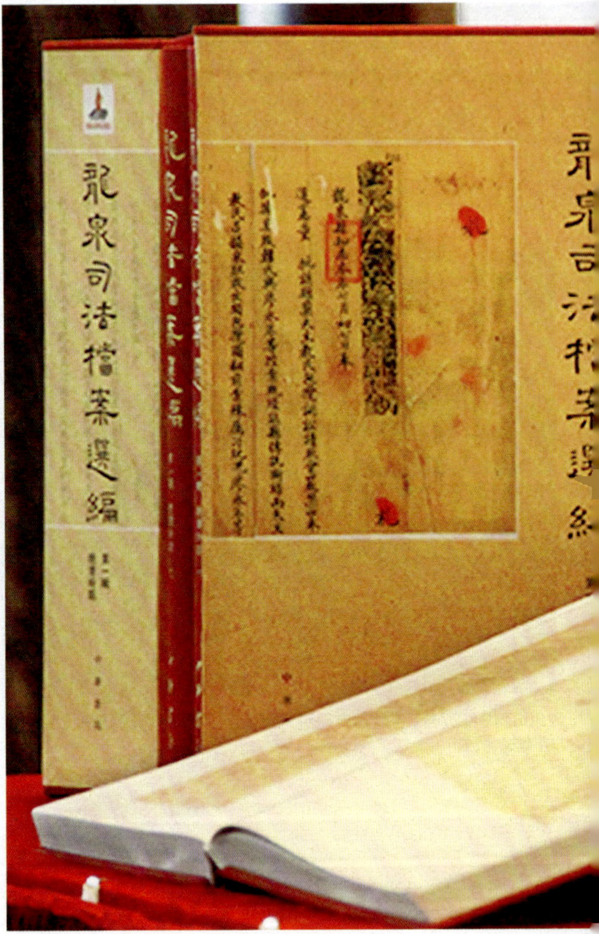

《龙泉司法档案选编》

湾、香港等地区10余所高校的20多位资深教授参加会议，并对《龙泉晚清民国司法档案》资源开发进行考察。

2013年8月，龙泉市档案局组织召开“龙泉司法档案学术研讨会”，浙江大学、浙江工商大学、中国人民大学、香港中文大学、日本一桥大学、北京大学、上海交通大学等学术机构的专家学者参加会议。

档案的开发利用也得到了国家档案局的充分肯定。2014年，国家档案局局长杨冬权称赞《龙泉晚清民国司法档案》享誉海内外，要求好好保护这些珍贵档案遗产。2013年3月《龙泉晚清民国司法档案》入选第三批《浙江省档案文献遗产名录》，2015年入选第四批《中国档案文献遗产名录》。

经过6年多的努力，《龙泉晚清民国司法档案》已然成为浙江省的文化品牌，也成为继青瓷、宝剑后龙泉的又一张文化金名片。

附录 部分档案目录

1. 1917年3月14日，毛连昌告邱凤麟奸谋明夺案
2. 1931年，刘云彩告毛有根请求分给佃息案
3. 1933年4月21日，信康庄控毛世剑请给支付令案
4. 1920年4月21日，周吕德控毛声旺越界强砍案
5. 1922年11月4日，毛秋泉与毛学诗砍木纠纷案
6. 1926年5月10日，郑世旺与毛世金山场纠纷案
7. 1927年10月，毛时球与毛仁照山业纠纷案
8. 1931年9月，何章登与毛马宝山木纠纷案
9. 1939年8月12日，叶氏元鸿请求婚姻自由案
10. 1925年3月，毛时麟与毛如起祭田纠纷案
11. 1948年4月12日，李岩梅告邱吉付盗窃案
12. 1939年11月23日，张景钢控邱元寿公然侮辱案
13. 1934年5月，潘德长控吴隆平伪造文书案
14. 1943年11月11日，吐德胜控邱王氏妨害家庭案
15. 1913年5月，周孝彰与周孟郁婚姻诉讼案

联系我们

浙江省龙泉市档案馆

地址：浙江省龙泉市贤良路333号

邮编：323700

电话：0578-7765826

网址：http://daj.lq.gov.cn/

松阳高腔艺术档案

编辑委员会

总序

时光流淌，世事更迭，唯有浩繁卷册留存了人类历史发展的足痕印记。档案作为历史的真实记录，是连接过去、今天的桥，也是通向未来的门。档案承载着过往，担负着使命。近年来，作为公共文化机构的档案馆，走向社会的脚步不断加快，践行着资政、维权、育人的神圣职责。

浙江省100家各级综合档案馆作为永久保存档案的基地，经几代人的勤勉耕耘，积数十年之功，收藏了清朝以来2300余万卷（件）纸质档案、近200万张照片和3万余盘音像资料，其中入选中国档案文献遗产名录9项，入选浙江档案文献遗产名录26项。它们内容精彩纷呈，形式丰富多样，既有风云激荡的历史宏卷，也有令人唏嘘的家族记忆，其中蕴含着家国情怀、民族大义和优秀文化。这些既是宝贵的历史文化遗产，更是人类共同的精神财富。

《浙江省各级综合档案馆馆藏档案精品介绍》是一套系列丛书，从2015年起分辑出版，每辑10册，每册介绍1项精品档案。我们从全省各级综合档案馆馆藏中精心挑选，同时，注重材料的真实、考证的严谨和叙述的准确，通过大量的历史资料、图片，以图文并茂的形式，从档案的背景由来、内容价值以及管理利用等方面进行全面地解读和揭示。

“旧时王谢堂前燕，飞入寻常百姓家”。作为“养在深闺人未识”的馆藏档案，只有深度挖掘与开发，才能真正服务大众。《浙江省各级综合档案馆馆藏档案精品介绍》以推介档案文化为宗旨，它不是高大上的“鲍鱼海参”，是为社会大众捧上的一道“精品小菜”。一册一题、通俗生动，利用翔实的史料，引导读者探寻历史发展的细节，倾听历史深处的回声，感悟历史演变的规律，希望大家能够喜欢这道档案文化“小菜”。

编 者

2015年5月

目录

CONTENTS

引子

“四塞无他虞，惟此桃花源”，钟灵毓秀的田园松阳，在一千八百多年的历史长河中孕育了繁荣的民间艺术文化，保留了珍贵的民间艺术文化成果。松阳高腔作为其中的一朵奇葩，以其独特的艺术风格和漫长的传承历史而广为人知。2006年，松阳高腔经国务院批准列入国家首批非物质文化遗产名录，成为重点保护对象。

松阳县档案馆珍藏着大量松阳高腔档案，这些档案全面记载了松阳高腔的起源、音乐特征、艺术呈现、传统剧目、演出习俗、行话、谚语等内容，是研究我国民族民间文化艺术的珍贵史料。2002年，《松阳高腔艺术档案》入选第一批《浙江省档案文献遗产名录》。

背景和由来

松阳高腔发展历史

松阳高腔是浙江省现存最古老的剧种之一，是浙江八大高腔系统中的独立分支，也是浙江省目前尚能演出的高腔剧种，属单声腔剧种，具有曲调优美、样式质朴、仍保留戏曲原始状态等特点，被专家们称为浙江省“戏曲界的活化石”。

松阳高腔起源于道教音乐。古有道家之唱，隋唐时期，松阳道教颇为兴盛。据《松阳县志》记载：“唐开元年间，道教法师叶法善建淳和仙府，司授道教音乐。”宋元时期，传入松阳的南戏曲调和道教音乐、松阳民间的山歌民谣相互融合，催生了松阳地方戏曲，后演化为本地高腔调。民间艺人配之以管弦器乐伴奏，将高亢激昂的本地高腔腔调与铿锵硬板的松阳方言官话语调结合起来，到元末明初发展成唱腔独特、曲牌丰富的松阳高腔。

松阳高腔的演技、唱腔别具一格，每到一处都深受当地百姓的喜爱，风靡杭州、绍兴、桐庐、金华、温州、丽水等地，并远赴闽、赣、皖等省演出。当时知名的专业戏班子就有“新聚堂”、

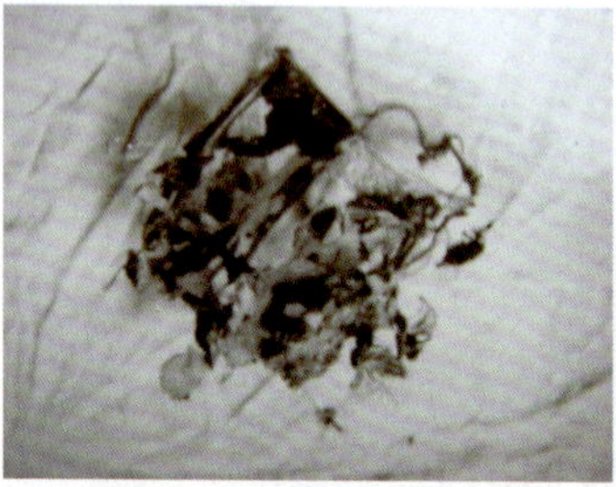

凤冠 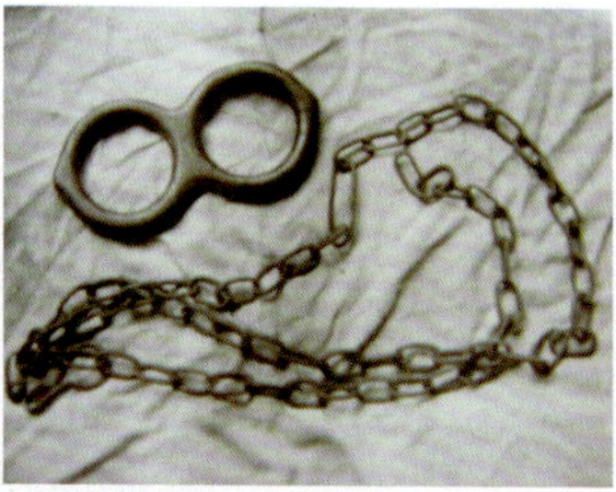　　　　铐、链

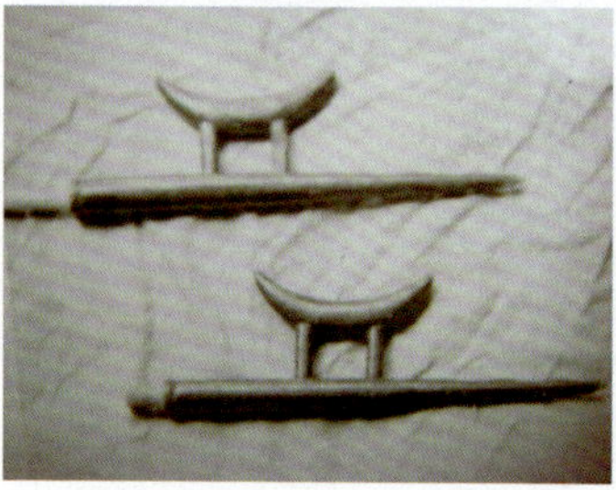

戟 　　　　斩马刀

“秀和班”、“大玉台”、“唐周班”、“枫坪高腔班”、“白沙岗高腔班”等18个大班子和“叶庆福”等7个木偶班。清末及民国时期，因战乱等原因，松阳高腔渐趋衰落，戏班先后散歇。到1949年初，全县仅存七八个老艺人。

新中国成立后，徐鸿元、李林焕等松阳高腔老艺人自发创办松阳高腔科班，招收青年学生，成立“新声班”和“白沙岗班”，并在全县各地以及龙泉、遂昌等县登台演出。“文革”期间，松阳高腔一度濒临消亡。

改革开放以后，松阳县政府把抢救、挖掘松阳高腔艺术提上议事日程，于1982年成立了松阳高腔研究室。近年来，浙江省政府及文化部门进一步加大对松阳高腔的抢救和保护力度，松阳高腔先后被列为浙江省民族民间艺术保护工程第一批重点项目、浙江省民族民间艺术保护工程试点、浙江省文化厅科研项目和浙江省首批非物质文化遗产代表作等。

1986年，周安高腔剧团演出《拜刀记》剧照

档案往事

松阳高腔的传承通常由历代艺人以手抄文本（曲本、剧本）形式代代相传，口口相授。如可重旺村的高腔前辈，将自己所演的剧目亲手抄写下来，向后辈传教，到清道光年间项运相手中，手抄本已累计有三大箩筐。这些手抄本后来多数散失，在“文革”期间又被大量销毁，存世量极少。

1982年，松阳高腔研究室成立后，专门负责高腔文献的调查、收集、整理以及建立松阳高腔文献档案。同年，在全国首次高腔学术研讨会上，松阳高腔被列为讨论内容，并编入《中国戏曲词典》，散落在民间的高腔剧本等文史资料才被慢慢挖掘出来；自1983年起，松阳县高腔研究室、文联高腔研究会和戏曲志编写小组，多次深入高腔故地，收集到清乾隆以来的手抄本55卷，计29个传统剧目演出本的总纲29卷、单篇26卷。

玉岩镇的白沙岗村、周安村为松阳高腔戏班世居的两大主要村落，其中白沙岗村可以追溯的松阳高腔宗师，从生于明万历二十二年的李凤相算起，就有200多人。目前，“白沙岗剧团”和“周安剧团”仍在演出。

2007年初，松阳县档案馆在松阳高腔研究人员刘建超的协助下，深入白沙岗高腔剧团、周安高腔剧团开展征集工作，历时半年，通过多次走访和交流，采取各方动员和征购相结合的方法，征集到松阳高腔剧目手抄本、演出照片等。

《松阳高腔艺术档案》征集地——周安村

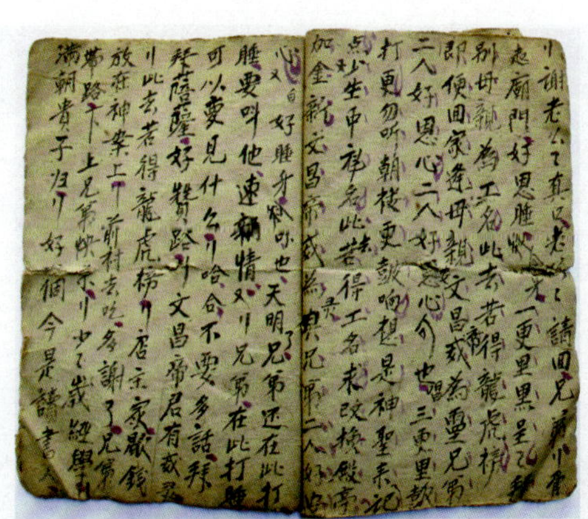

清光绪年间松阳高腔手抄本《三状元》

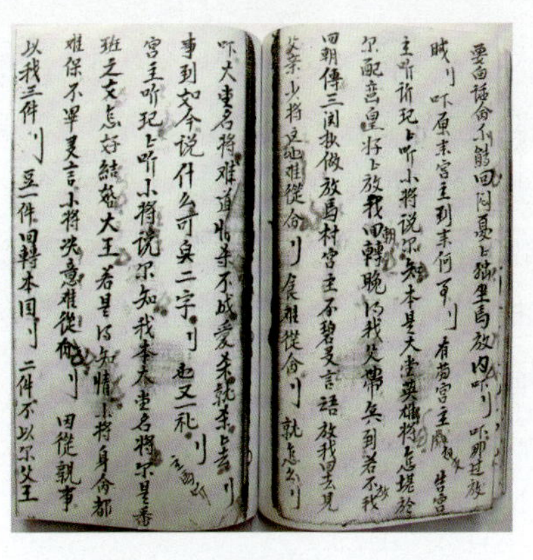

民国时期松阳高腔手抄本复印件

《中国戏曲音乐集成·松阳高腔》、《松阳高腔音乐浅析》等研究文献

此后，松阳县档案馆又与县文化局联系协商，收集、复制了由其保存的原松阳县高腔研究室、文联高腔研究会和戏曲志编写小组调查、收集、整理的松阳高腔文献档案。

松阳县档案馆还向研究人员收集松阳高腔研究文献，如收集到刘建超研究松阳高腔三十余年形成的手稿、著作，包括《松阳高腔》、《松阳高腔音乐浅析》、《松阳文史资料》、《松阳高腔音乐与研究》等。

档案介绍

档案的概况

目前，松阳县档案馆保管有101卷（盒）的高腔档案文献及8个剧目的声像档案。分三个部分：第一部分12卷，系抢救、发掘和研究松阳高腔剧种形成的文献，较系统地揭示了松阳高腔产生背景、发展历程、戏班机构、剧目、唱调、曲谱、分布活动范围等；第二部分89卷，主要是现存的松阳高腔剧目手抄本，涉及58个剧目，这些手抄本历史悠久，十分珍贵；第三部分为声像档案，包括DVD演出光盘56张，照片120张，涉及8个剧目。这些档案真实记录了松阳高腔独特的艺术风格，文化内涵丰富而独特，对考证、研究和发掘浙江地方戏剧文化有重要的参考和利用价值。

档案的内容

文献档案

《松阳高腔艺术档案》主要形成于20世纪80年代，文献类共12卷，包括包志林主编的《松阳县戏曲史料》一至三辑、《中国戏曲音乐集成·松阳高腔》、《松阳高腔音乐浅析》、《松阳高腔·音乐研究资料》、《松阳文史资料》、《松阳高腔》、《松阳高腔音乐与研究》、《非遗保护与松阳高腔研究》等文献，分别从松阳高腔的历史沿革、演出方式、演出剧目、表演特点、音乐特色、唱腔

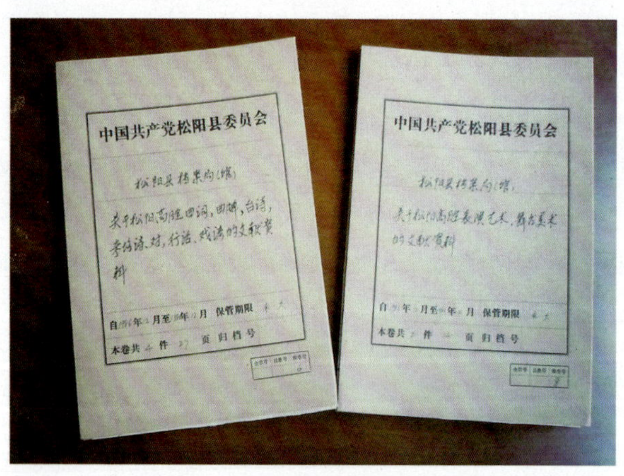

《松阳高腔艺术档案》6号案卷和7号案卷

音乐结构、松阳高腔现状、传统剧目、高腔曲牌、松阳高腔的表演特点、松阳高腔的班规习俗、松阳高腔曲谱（手抄本）、班社留字等方面介绍了松阳高腔，对考证、研究浙江地方戏剧文化具有重要的文献参考价值。

包志林主编的《浙江省松阳县戏曲史料》（第一辑），包括综述、松阳戏曲活动大事年表、剧种史、舞台美术、演出习俗、轶事、传说和艺人传记等部分，记录了松阳地方戏曲逐渐演绎变化到发展成“高腔”的过程和新中国成立后松阳高腔活动大事年表，特别对《松阳高腔艺术档案》的形成有极为详细的记载。

包志林主编的《松阳县戏曲史料》

20世纪80年代初，遂昌县文化馆馆长华俊收集了大量松阳高腔的文字和音响资料，编写、翻印了《松阳高腔》、《松阳高腔现有曲牌汇编》等文章和资料，其中《松阳高腔》一文在1982年全国高腔学术讨论会上引起戏曲界关注。同年11月24日，松阳县文化局成立松阳高腔研究室，开始对松阳高腔资料进行调查、收集以建立松阳高腔档案。1985年4月，松阳高腔研究人员和其他戏曲工作者组

成了“松阳高腔研究会”和“戏曲工作者协会”，高腔研究会成员多次深入玉岩、古市、靖居、周安、白沙岗、枫坪等地进行调研收集工作，掌握了大量松阳高腔的第一手资料，为以后的高腔研究奠定了坚实的基础。

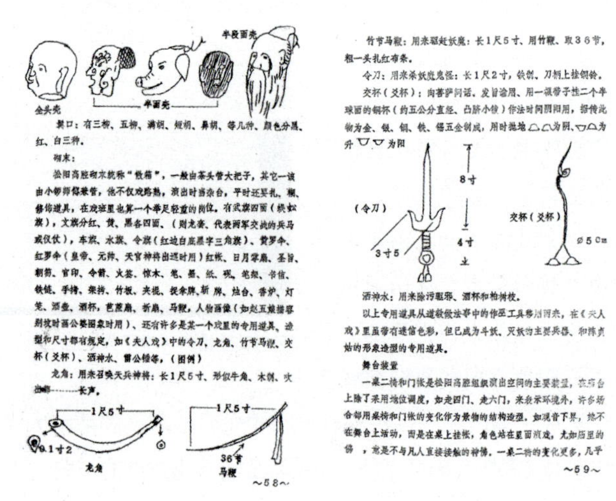

髯口：有三柳、五柳、满胡、短胡、鼻胡、等几种、颜色分黑、红、白三种。

砌末：

松阳高腔砌末统称“杂箱”，一般由茶头管大把子，其它一该由小砌师傅兼管，他不仅戏路熟，演出时当杂台，平时还要扎、糊、修饰道具，在戏班里也算一个举足轻重的岗位。有武旗四面（蜈蚣旗），文旗分红、黄、黑各四面、（则龙套、代表两军交战的兵马或仪仗），车旗、水旗、令旗（红边白底黑字三角旗）、黄罗伞、红罗伞（皇帝、元帅、天官神将出巡时用）红帐、日月掌扇、圣旨、朝笏、官印、令箭、火签、惊木、笔、墨、纸、砚、笔架、书信、铁链、手铐、枷铐、竹板、夹棍、捉拿牌、斩牌、烛台、香炉、灯笼、酒壶、酒杯，芭蕉扇、折扇、马鞭，人物画像（如赵五娘描容剔坟时画公婆图象时用）、还有许多是某一个戏里的专用道具、造型和尺寸都有规定，如《夫人戏》中的令刀、龙角、竹节马鞭、交杯（爻杯）、洒神水、雷公锤等，（图例）

龙角：用来召唤天兵神将：长1尺5寸、形似牛角、木制、吹出……长声。

～58～

竹节马鞭：用来驱赶妖魔：长1尺5寸、用竹鞭、取36节，粗一头扎红布条。

令刀：用来杀妖魔鬼怪：长1尺2寸，铁制、刀柄上挂铜铃。

交杯（爻杯）：向菩萨问话、发旨谕用、用一根带子挂二个半球面的铜杯（约五公分直经、凸脐小碗）作法时问阴阳用，据传此物为金、银、铜、铁、锡五金制成，用时抛地△△为阴、▽△为升▽▽为阳

洒神水：用来除污驱邪、酒杯和柏树枝。

以上专用道具从道教做法事中的作巫工具移用而来，在《夫人戏》里虽带有迷信色彩，但已成为斗妖、灭妖的主要兵器、和陈贞姑的形象造型的专用道具。

舞台装置

一桌二椅和门帐是松阳高腔组织演出空间的主要装置，在舞台上除了采用地位调度，如走四门、走六门，来表示环境外，许多场合都用桌椅和门帐的变化作为景物的结构造型。如观音下界，她不在舞台上活动，而是在桌上挂帐，角色站在里面演戏，尤如庙里的佛，意是不与凡人直接接触的神佛。一桌二椅的变化更多，几乎

～59～

包志林主编的《松阳县戏曲史料》第一辑中对松阳高腔各类道具的记载

手抄本档案

松阳县档案馆保存的89卷高腔剧目手抄本中，以清嘉庆年间的高腔剧本《白兔记》形成时间最为久远，另有《卖水记》、《金印记》、《八仙偷桃（丑单篇）》、《九世同居》、《双包》、《鹿

台》、《父子会》、《拜刀（生单篇）》等18本清代手抄本以及多本成书于民国后的手抄剧本。

馆藏高腔手抄本纸张多为毛边纸、连细纸、松阳土纸，采用毛笔蘸取黑墨从右向左直行书写而成，抄本用绵纸筋或棉线装订，文句多为松阳本地语言、方言土语和代用俗语。松阳高腔曲牌原有120多支，现馆藏剧本中注有曲牌的有110支；不少剧本的唱词句末和句中段使用红色、紫色或绿色标记标注着“曲龙”等唱腔符号。

据老艺人反映，松阳高腔有300余个剧目，除县档案馆保管的58个剧目外，还有240余个剧目的手抄本需要组织口述整理或继续征集。

1. 《白兔记》手抄本

《白兔记》主要讲诉了刘知远与李三娘的家庭故事，全剧分《玩花记》、《赶兔记》和《拜刀记》三本，光绪年间盛兴班曾演出全剧，如今现存班社仅演出《拜刀记》。

馆藏《白兔记》手抄本长28厘米，宽16厘米，白毛纸边，土法线装，字迹较工整。剧本泛黄，总纲、封面至四出前段各有缺页，有归家、说媒、画堂、回家、玩花、逼写、相和、抢棍、瓜精、出番、投军、成亲、挨磨、接子、汲水、接旨、回家、大白仙、出猎见面、回府见父、磨房、团圆等23出188页。

清嘉庆年间松阳高腔手抄本《白兔记》封面

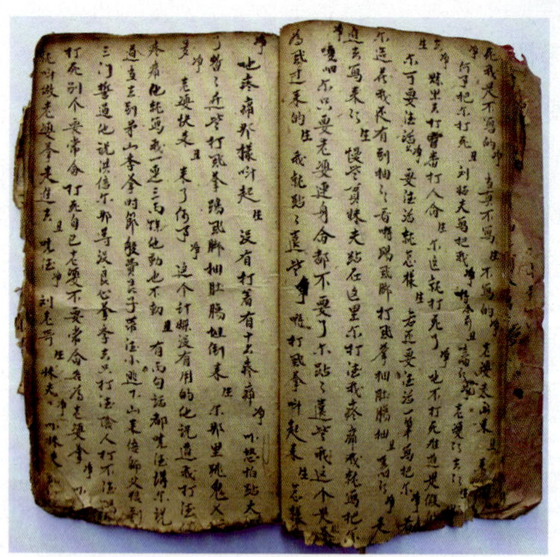

清嘉庆年间松阳高腔手抄本《白兔记》

2. 《琵琶记》手抄本

《琵琶记》又名《蔡伯喈》，讲述蔡伯喈与赵五娘夫妻悲欢离合的故事，清光绪年间盛兴班曾演出。

馆藏《琵琶记》手抄本为总纲1卷，封面缺，长23.2厘米，宽12.6厘米，白连细纸和毛边纸混用，土法线装，部分页左下角被虫鼠咬缺一或数字，其余完好，自四出起有逼试、大别、小别、训女、行路、考试、梳妆、赴宴、饥荒、托媒、议婚、回复、愁配、

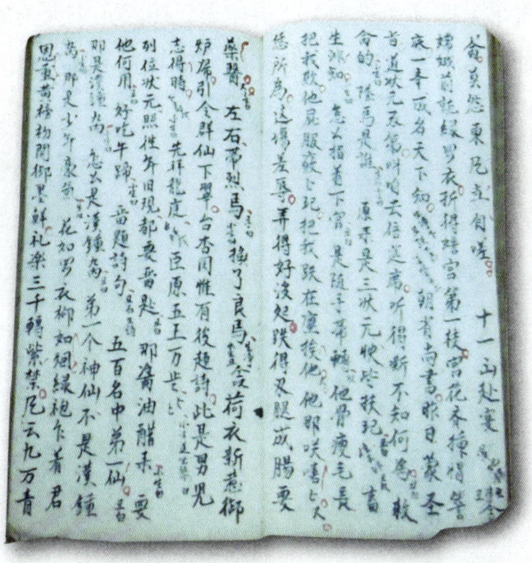

松阳高腔手抄本《琵琶记》第11场“赴宴”的内容

辞朝、赈济、抢粮、成亲、吃粥、换糠、赏荷、诘问等21出154页。手抄本第12页另附盛兴班剧目单（正目30个，折子、小戏76个）和各种符咒。

由于清光绪十三年（1887）在上河戏台曾有兴盛班的演出记录，因此现在对此抄本所载“盛兴班”，有盛兴班是兴盛班的前辈班、盛兴班就是兴盛班两种说法。

3. 《贺太平》手抄本

《贺太平》即《太平春》，讲述朱元璋因元末大王惊梦有意诛杀之而避难于皇觉寺，后得刘基等助力登基为王的故事。清乾隆年间新聚堂曾演，今能演。

馆藏《贺太平》手抄本，有开台、谕寿、园梦、逃难、收兵、落寺、焚香、拜别、考试、遇猿、游园、拷女、放告、做媒、得宝、扫殿、玩耍、遇将、招军守马、成亲、拜将、渡桥、登基等27出74页。手抄本总纲缺封面，下页面残破。

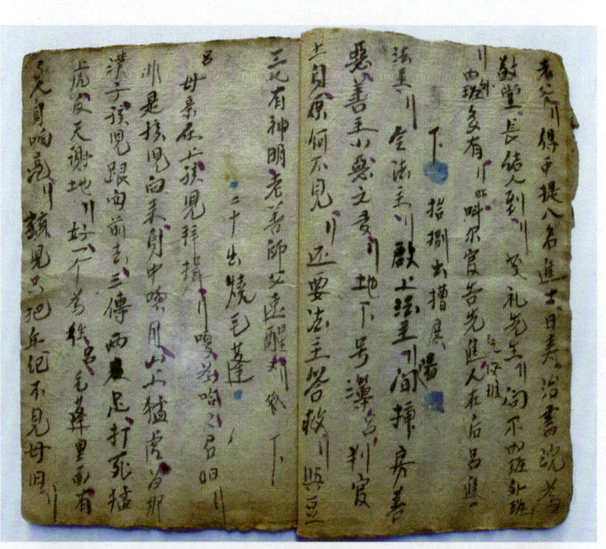

清光绪年间松阳高腔手抄本《贺太平》

4.《九世同居》、《双包》、《鹿台》、《父子会》、《拜刀》合订本

馆藏《九世同居》、《双包》、《鹿台》、《父子会》、《拜刀》五剧合订本，生单篇。手抄本封面及前数页缺，其余页次上、下端为虫鼠所损，抄本长、宽、纸质和清道光廿四年本相同，棉纸筋订装。

《九世同居》有拜别、行路、考试、参拜、接旨、手下、会仙、家院、奏朝、团圆等12出16页；《双包》有庆寿、贺寿、求

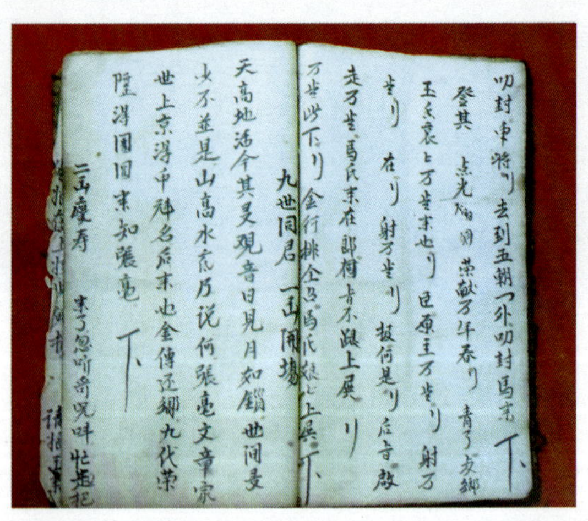

松阳高腔手抄本《九世同居》第一出“开场”的内容

子、四将、取名、训子、报信、城隍、四将、交战、会仙、拜居、团圆等13出22页；《鹿台》有庆寿、宣召、劝农、放告、上朝、受罪、霸城、起马、起道、求贤、拜将等11出27页；《父子会》13页；《拜刀》有开台、请寿、上朝、接旨、太白星、发兵、回报、回朝等8出17页。

声像档案

松阳县档案馆馆藏声像档案形成于现代，有照片档案、录音和录像档案。其中照片档案主要是松阳高腔演出剧照、道具照以及参加重要活动的照片与底片。

录音档案记录保存了78首唱腔曲牌和30多支文武场曲牌，其中的【一字调】、【驻云飞】、【风入松】、【桂枝香】、【山坡羊】、【江头金桂】、【园林好】、【将军令】、【哭相思】等，仍是目前常用曲牌。

松阳高腔演出DVD光盘和录像带

最早的录像档案为5盒《夫人戏》演出录像带，是1991—1992年日本“中国民族民间文化艺术研究会”秘书长、神奈川大学教授广田律子两次考察松阳高腔时录制而成的。此外，还有2007年后新录制的《夫人戏（1—14）》、《拜刀记》、《八仙桥》、《合珠记》、《后太平》、《耕历山》、《卖水记》等DVD光盘56张。

松阳高腔照片档案——《夫人戏》剧照（1985年）

松阳高腔照片档案——《夫人戏》斗法一场（1986年）

松阳高腔照片档案——《合珠记》拷打一场（1986年）

松阳高腔照片档案——《卖水记》剧照（1986年）

松阳高腔照片档案——《八仙桥》剧中人物木卯先生（1986年）

松阳高腔照片档案——《八仙桥》剧照（1986年）

管理及利用

《松阳高腔艺术档案》在未进馆之前，由于年代久远、民间保管条件不理想等因素，导致手抄剧本遭虫蛀、霉烂的情况十分普遍，照片、底片等也存在霉变、硫化发黄、划伤、破损等问题。进馆后，松阳县档案馆及时对受损档案进行了消毒、原件修复等抢救和保护措施，最大程度保证了档案的完整和安全。

这批珍贵的档案现保存在松阳县档案馆，库房配有空调、除湿机、消毒柜、KQF相对湿度自动控制仪、吸尘器等设备，符合档案安全保管条件。库房内还配有《馆藏档案存放指引》。

自20世纪80年代起，松阳县档案馆开展松阳高腔档案开发利用工作，通过提供档案查阅利用、申报国家级非物质文化遗产、出版松阳高腔相关专著、建立陈列展览场地等，充分挖掘松阳高腔档案的价值，获得了较好的社会反响。

松阳博物馆“松阳高腔”展区

2007年，松阳博物馆新馆动工兴建，根据布展计划，将第五区块设置为“松阳高腔”展区，布展人员在大量利用、研究松阳高腔档案的基础上，顺利完成了该区域内高腔历史发展的文字介绍，传统服装、道具、乐器的制作等相关工作。

2015年，松阳县非物质文化遗产馆建成并开馆运行。非物质文化遗产馆陈列了包括松阳高腔在内的63个项目，同时，通过多媒体手段，循环播放松阳高腔相关影像资料。

附录 部分档案目录

1. 关于松阳高腔获省少数民族剧种交流演出奖的团体、演员、剧目、节目单的通知、报道

2. 关于松阳高腔表演艺术、舞台美术的文献资料

3. 关于松阳高腔艺术研究成果专著

4. 关于松阳高腔艺人名录、传记的文献资料

5. 松阳高腔手抄本：《卖水记》、《金印》、《八仙偷桃》（丑单篇）

6. 松阳高腔手抄本：《九世同居》、《双包》、《鹿台》、《父子会》、《拜刀记》（生单篇）

7. 松阳高腔手抄本：《火珠记》、《黑蛇》（旦单篇）

8. 松阳高腔手抄本：《芦花记》总纲

9. 松阳高腔手抄本：《八仙偷桃》、《九世同居》（总纲）

10. 松阳高腔手抄本：总纲（线本）《贺太平》

11. 松阳高腔手抄本：总纲、折子戏《留靴》

12. 松阳高腔手抄本：《白兔记》、《九世同居》、《三闯辕门》、《造访府门》、《金印》、《天官赐福》（生单篇）

13. 松阳高腔手抄本：《白兔记》、《耕历山》（小生单篇）

14. 松阳高腔手抄本：《火珠记》、《八仙桥》、《鲤鱼记》（外单篇）

15. 松阳高腔手抄本：《安安送米》一折（生单篇）

16. 松阳高腔手抄本：《夫人戏》（旦单篇）

17. 松阳高腔手抄本：总纲《拜刀记》

18. 松阳高腔手抄本：总纲《贺太平》（上、下）

19. 松阳高腔手抄本：总纲《合珠记》

20. 松阳高腔手抄本：总纲《摇钱树》

联系我们

浙江省松阳县档案局

地址：松阳县西屏镇环城西路121号

邮编：323400

电话：0578-8062451

图书在版编目（CIP）数据

浙江省各级综合档案馆馆藏档案精品介绍．第1辑／浙江省档案局编．—杭州：浙江大学出版社，2015.6

ISBN 978-7-308-14682-1

Ⅰ．①浙… Ⅱ．①浙… Ⅲ．①档案资料—汇编—浙江省 Ⅳ．①K295.5

中国版本图书馆CIP数据核字(2015)第097312号

浙江省各级综合档案馆馆藏档案精品介绍（第一辑）

浙江省档案局　编

责任编辑　宋旭华
装帧设计　刘依群
出版发行　浙江大学出版社
（杭州市天目山路148号　邮政编码　310007）
（网址：http://www.zjupress.com）
排　　版　杭州林智广告有限公司
印　　刷　浙江印刷集团有限公司
开　　本　787mm×1092mm　1/32
印　　张　12.5
字　　数　265千
版 印 次　2015年6月第1版　2015年6月第1次印刷
书　　号　ISBN 978-7-308-14682-1
定　　价　80.00元（共十册）

浙江大学出版社发行部联系方式：0571-88925591；http://zjdxcbs.tmall.com